눈으로 보고 귀로 듣고 입으로 따라하는

新 니하오 어린이 중국어 쓰기노트 1

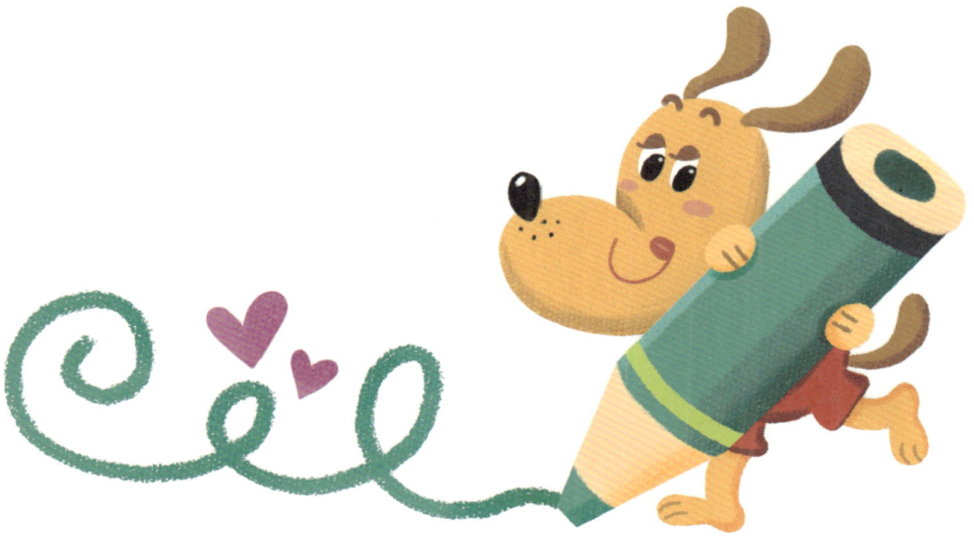

J PLUS

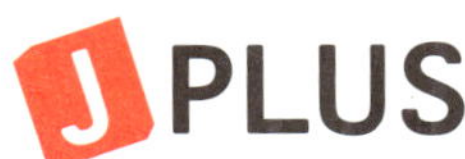

써지는 쓰기연습

빈칸에 들어갈 한자를 따라 써 보세요.

쓰는 순서를 익히고 한자와 병음을 써 보세요.

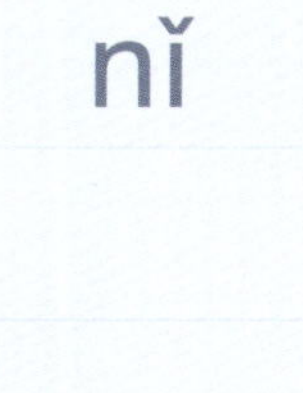

총7획

너

nǐ

 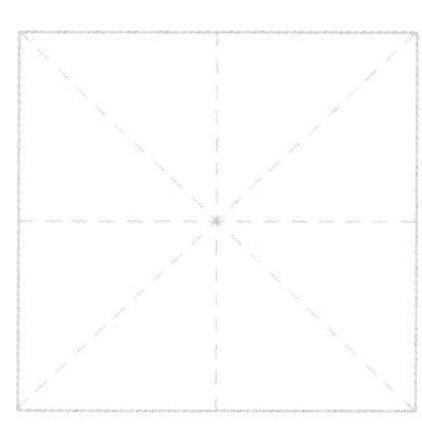 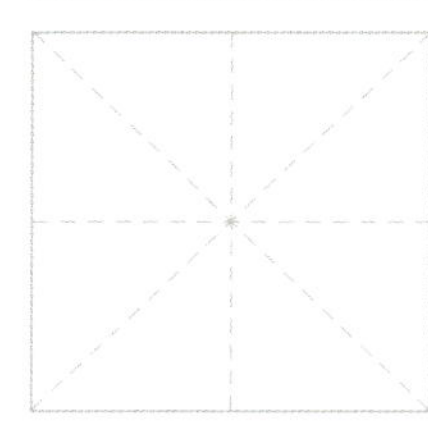 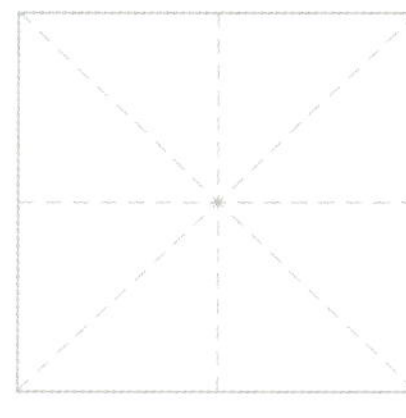

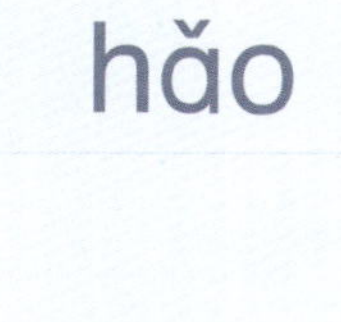

총6획

좋다

hǎo

총7획
나
wǒ

총6획
다시
zài

총4획
만나다
jiàn

총6획
그녀
tā

★ 배운 단어를 기억하며 문제를 풀어 보세요.

1. 병음을 읽고 한자의 빠진 부분을 채워 써 보세요.

2. 알맞은 병음을 골라 ◯ 하고 큰소리로 읽어 보세요.

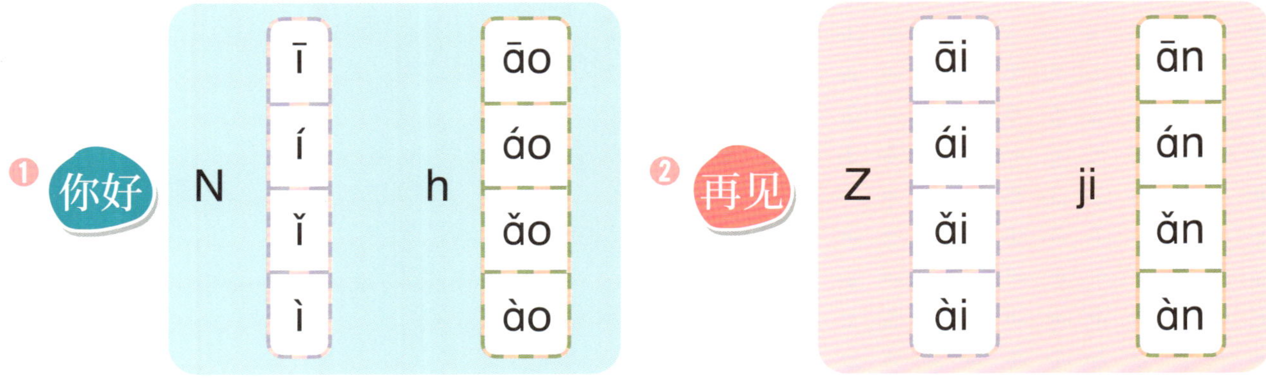

3. 알맞은 병음을 찾아 쓰고 큰 소리로 읽어 보세요.

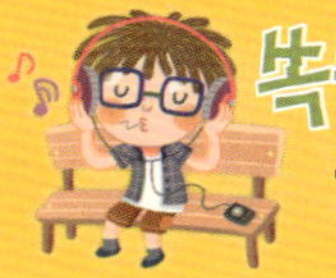

쏙쏙 들리는 듣기연습

★ 들려주는 녹음 내용을 잘 듣고 풀어 보세요.
(듣기문제 다운로드 www.jplus114.com)

1. 잘 듣고 해당하는 단어나 문장에 ○ 하세요. Track 01

① 我 wǒ / 你 nǐ / 她 tā

② 我们 wǒmen / 你们 nǐmen / 她们 tāmen

③ 是 shì / 再 zài / 好 hǎo

④ 你好 nǐ hǎo / 老师好 lǎoshī hǎo / 再见 zàijiàn

2. 대화를 듣고 어떤 상황인지 알맞은 그림에 ✓ 하세요. Track 02

①

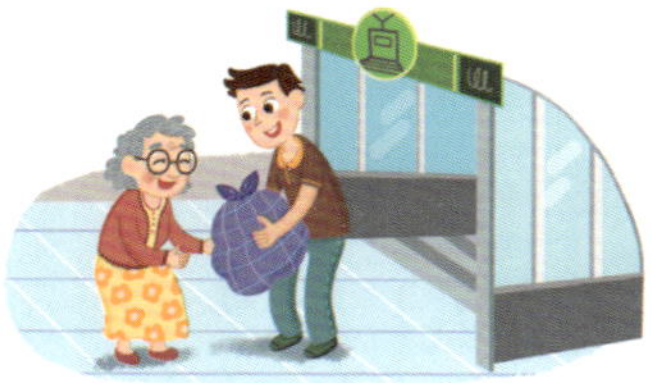
☐

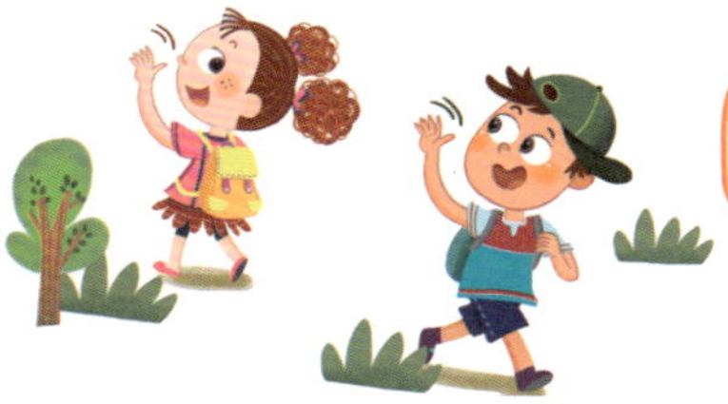
☐

②

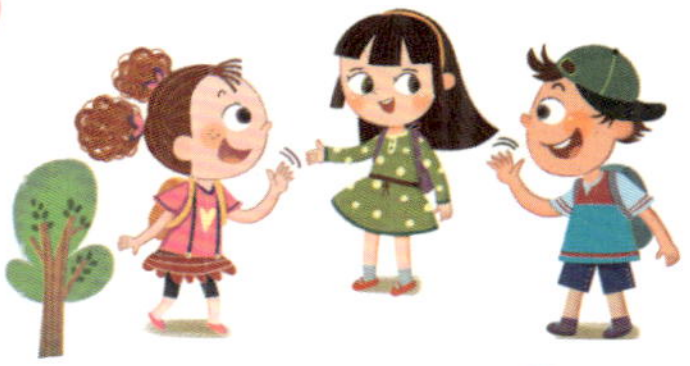
☐

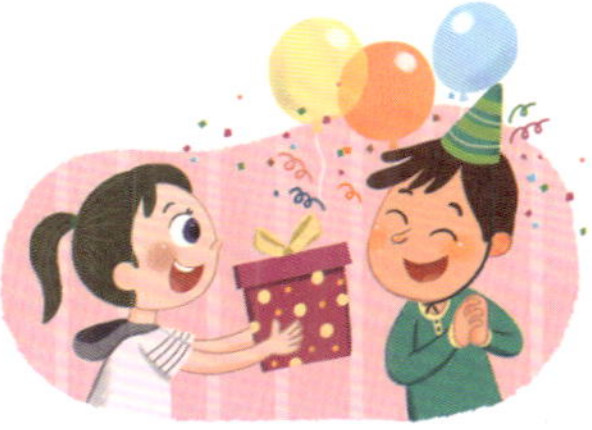
☐

3. 대화를 듣고 빈칸에 들어갈 한자를 쓰세요. Track 03

① ___好！ 我是明明。

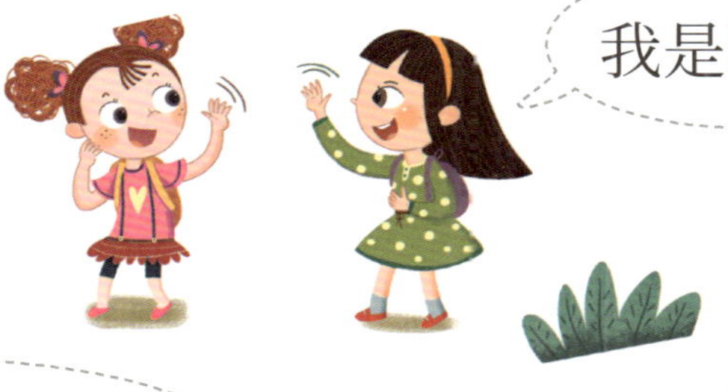

② 北北！___是南南。 你好！南南。

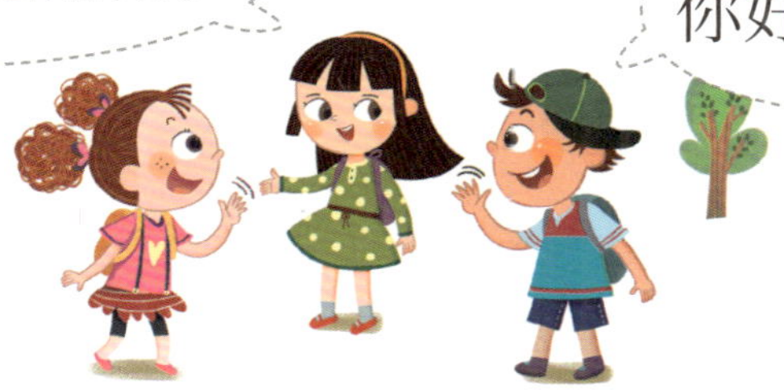

보기
你
她

써지는 쓰기연습

빈칸에 들어갈 한자를 따라 써 보세요.

쓰는 순서를 익히고 한자와 병음을 써 보세요.

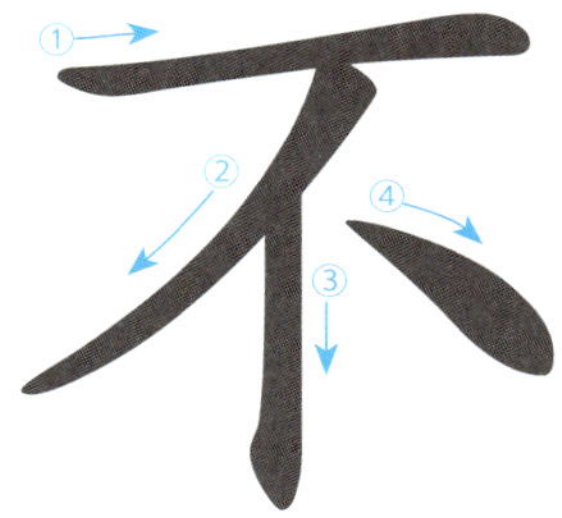

不

총4획

아니다

bù

客

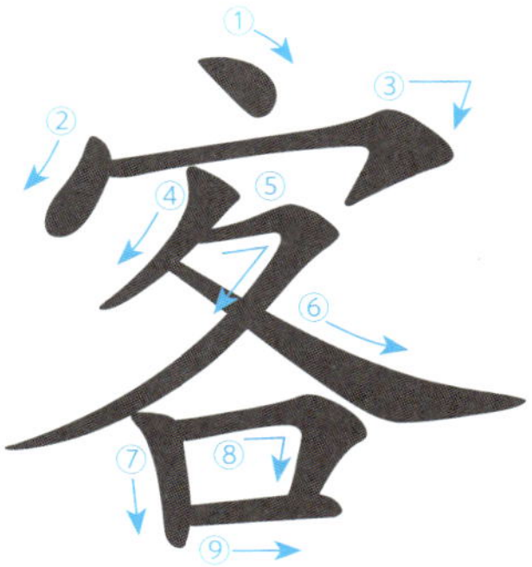

총9획

손님

kè

총4획
태도, 기질

qì

총7획
없다

méi

총6획
관계

guān

총7획
맺다, 관련되다

xì

1. 병음을 읽고 한자의 빠진 부분을 채워 써 보세요.

2. 주어진 문장의 병음을 찾아 ⬭ 하고 알맞은 것끼리 연결하세요.

3. 우리말 뜻을 보고 알맞은 병음을 찾아 미로를 탈출하세요.

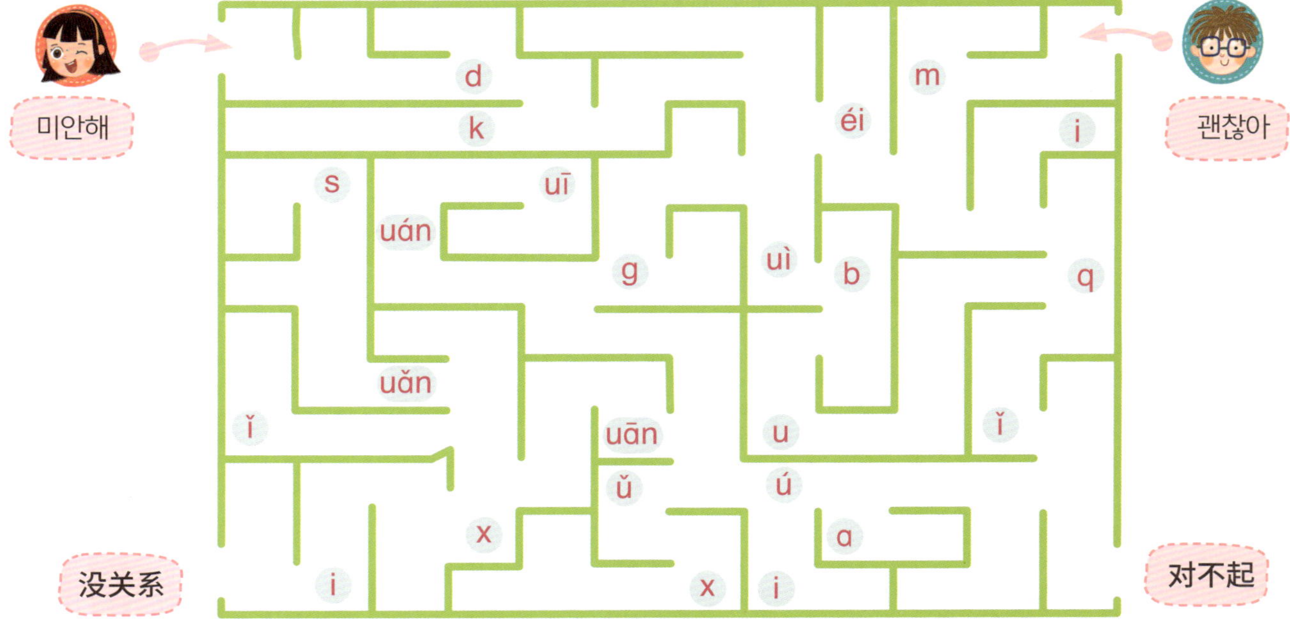

⭐ 들려주는 녹음 내용을 잘 듣고 풀어 보세요.

1. 잘 듣고 해당하는 단어나 문장에 ⭕ 하세요. 🎧 Track 04

① 好 hǎo | 没 méi | 对 duì

② 你好 nǐ hǎo | 谢谢 xièxie | 再见 zàijiàn

③ 关系 guānxi | 生日 shēngrì | 快乐 kuàilè

④ 不客气 bú kèqi | 对不起 duìbuqǐ | 没关系 méi guānxi

2. 잘 듣고 올바른 대답을 고르세요. 🎧 Track 05

①

ⓐ Xièxie.　ⓑ Nǐmen hǎo.　ⓒ Méi guānxi.

②

ⓐ Bú kèqi.　ⓑ Méi guānxi.　ⓒ Dùibuqǐ.

3. 대화를 듣고 상황과 어울리지 <u>않는</u> 해석을 고르세요. 🎧 Track 06

①

ⓐ 죄송해요

ⓑ 안녕하세요

ⓒ 괜찮아요

②

ⓐ 잘 가

ⓑ 천만에요

ⓒ 고마워요

你叫什么名字？

써지는 쓰기연습

빈칸에 들어갈 한자를 따라 써 보세요.

⭐ 쓰는 순서를 익히고 한자와 병음을 써 보세요.

총5획

(이름을)
~라고 부르다

jiào

총4획

무엇

shén

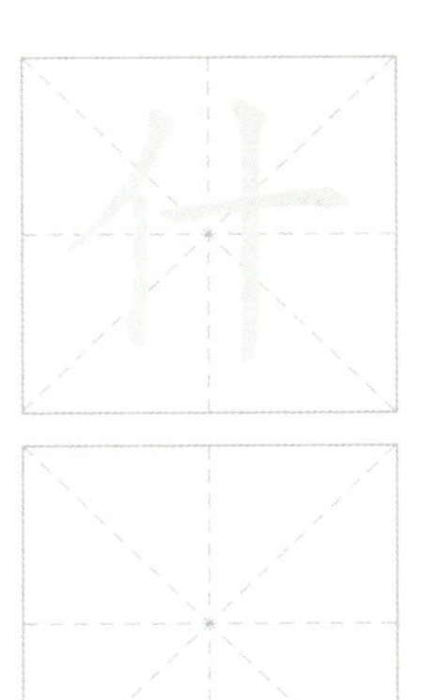

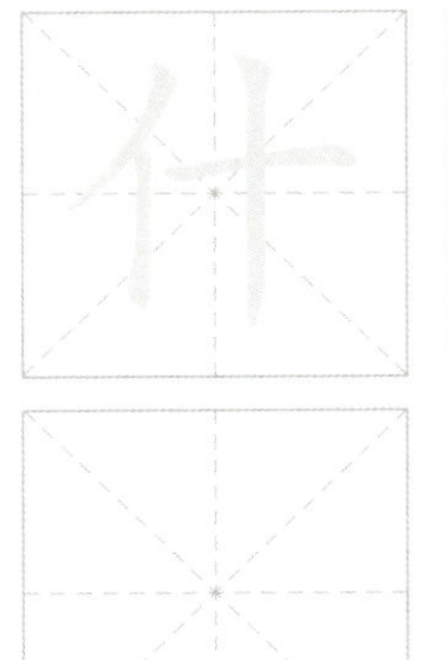

총3획
어조사
me

총6획
이름
míng

총6획
글자
zì

총8획
의문의 어기
ne

★ 배운 단어를 기억하며 문제를 풀어 보세요.

1. 병음을 읽고 한자의 빠진 부분을 채워 써 보세요.

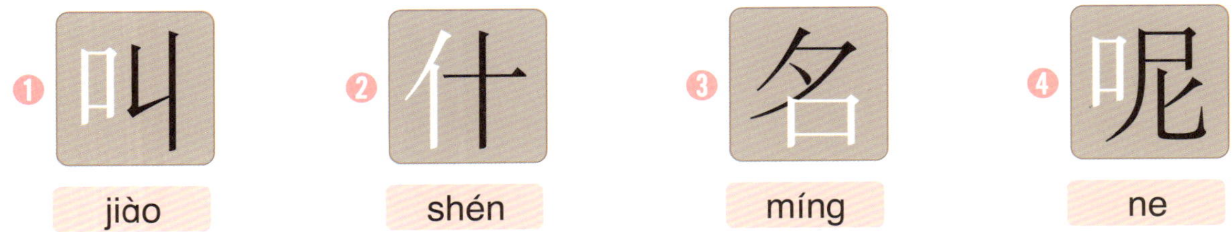

2. 다음 식을 풀어서 나오는 글자를 빈칸에 쓰세요.

❶ shì + én − ì + me = [   ]

❷ zh + j + ià + o − zh = [   ]

❸ mí + n + ng − n + z + i = [   ]

3. 대화의 내용에 맞도록 한자를 이어 문장을 완성하세요.

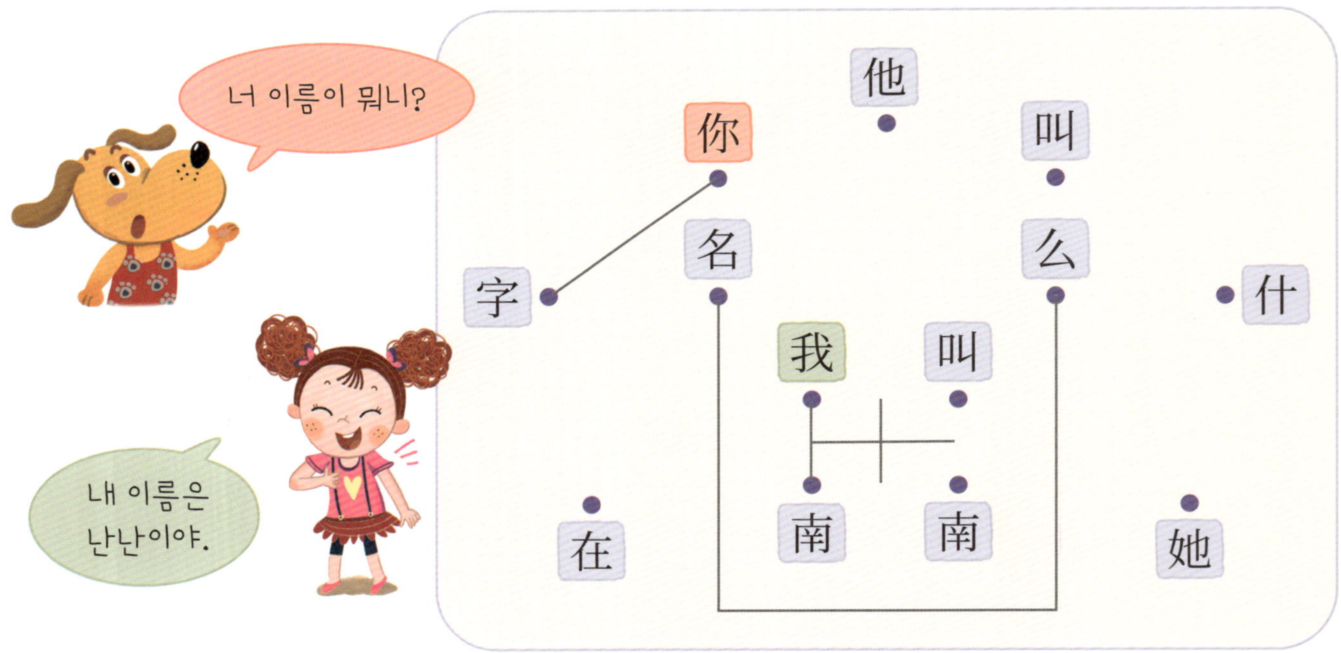

⭐ 들려주는 녹음 내용을 잘 듣고 풀어 보세요.

1. 잘 듣고 해당하는 단어나 문장에 ⭕ 하세요. 🎧 Track 07

① 叫 jiào | 是 shì | 我 wǒ

② 吧 ba | 吗 ma | 呢 ne

③ 关系 guānxi | 再见 zàijiàn | 什么 shénme

④ 谢谢 xièxie | 名字 míngzi | 你好 nǐ hǎo

2. 잘 듣고 등장하는 순서대로 주인공 옆에 번호를 쓰세요. 🎧 Track 08

3. 대화를 듣고 빈칸에 들어갈 한자를 써 넣으세요. 🎧 Track 09

①

②

你是韩国人吗?

써지는 쓰기연습

빈칸에 들어갈 한자를 따라 써 보세요.

쓰는 순서를 익히고 한자와 병음을 써 보세요.

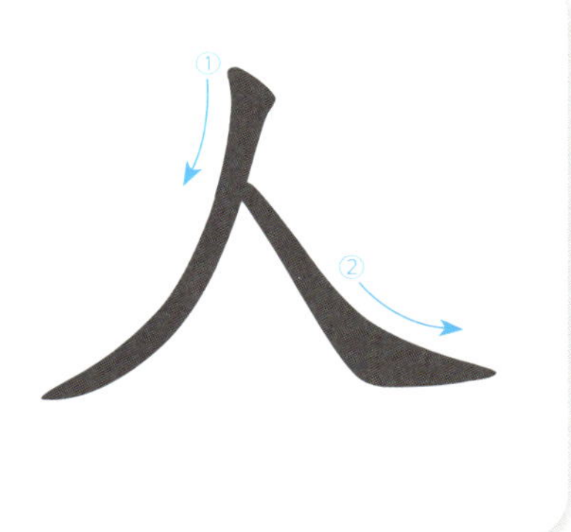

총2획
사람

rén

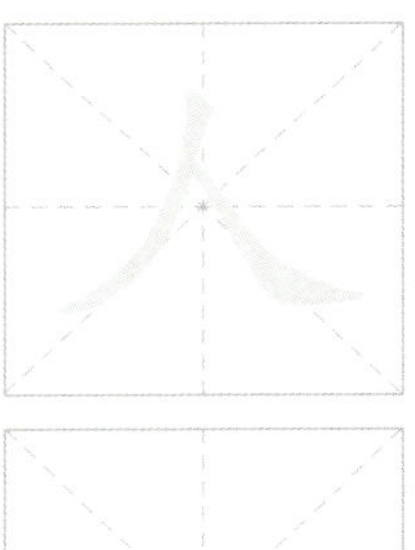 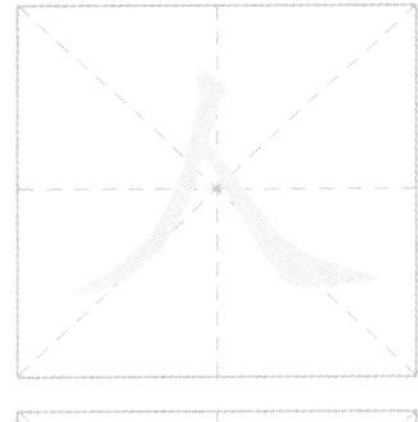 
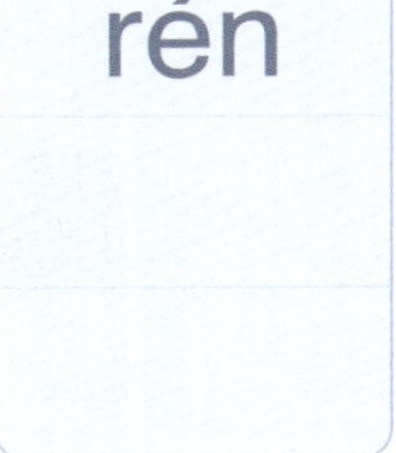 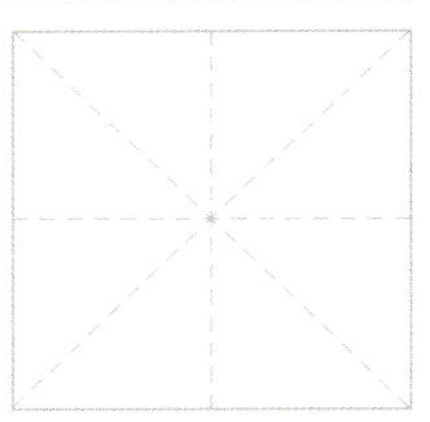 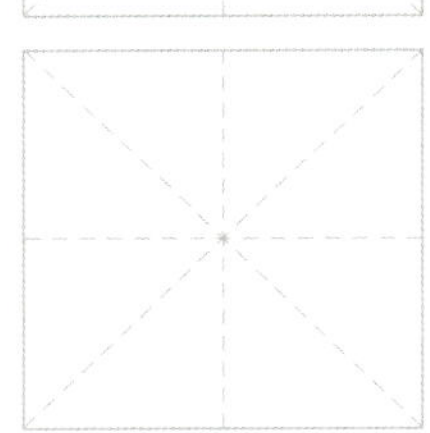 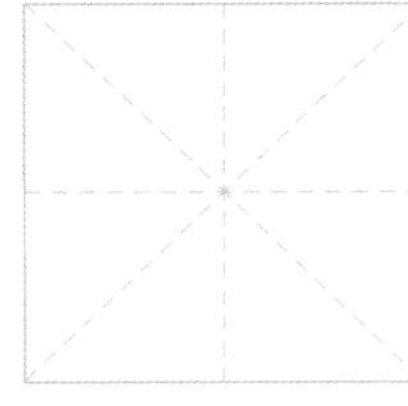

총6획
의문을 표시

ma

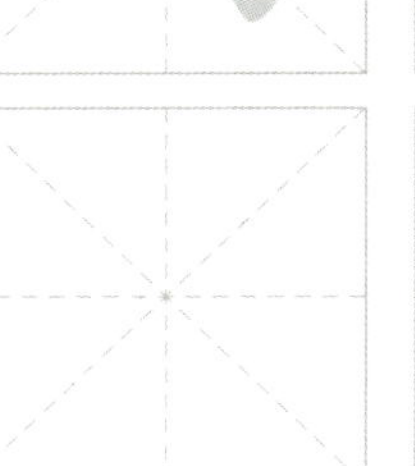 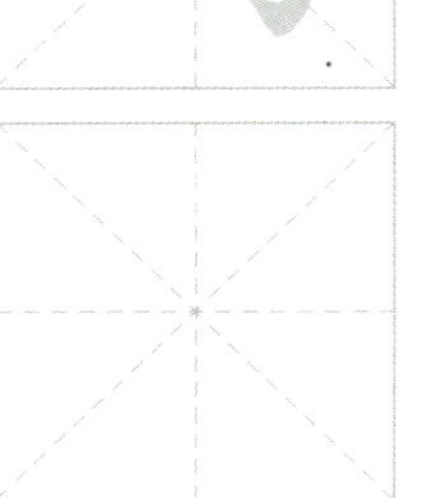

是
총9획
~이다 / 네
shì

的
총8획
~의
de

他
총5획
그
tā

也
총3획
~도
yě

⭐ 배운 단어를 기억하며 문제를 풀어 보세요.

1. 병음을 읽고 한자의 빠진 부분을 채워 써 보세요.

2. 제시된 병음에 맞는 한자를 고르세요.

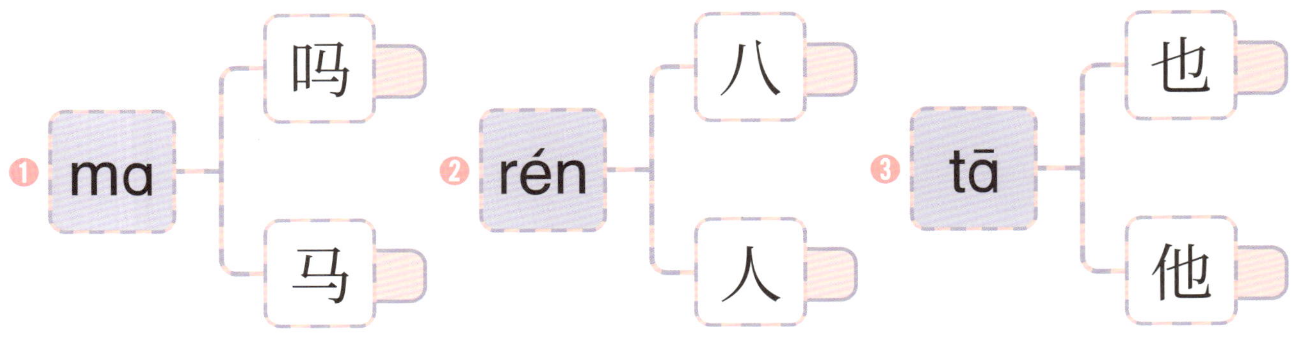

3. 난난이가 집에 가는 길에 적혀 있는 한자의 병음을 찾아 ⭕ 하고 빈칸에 쓰세요.

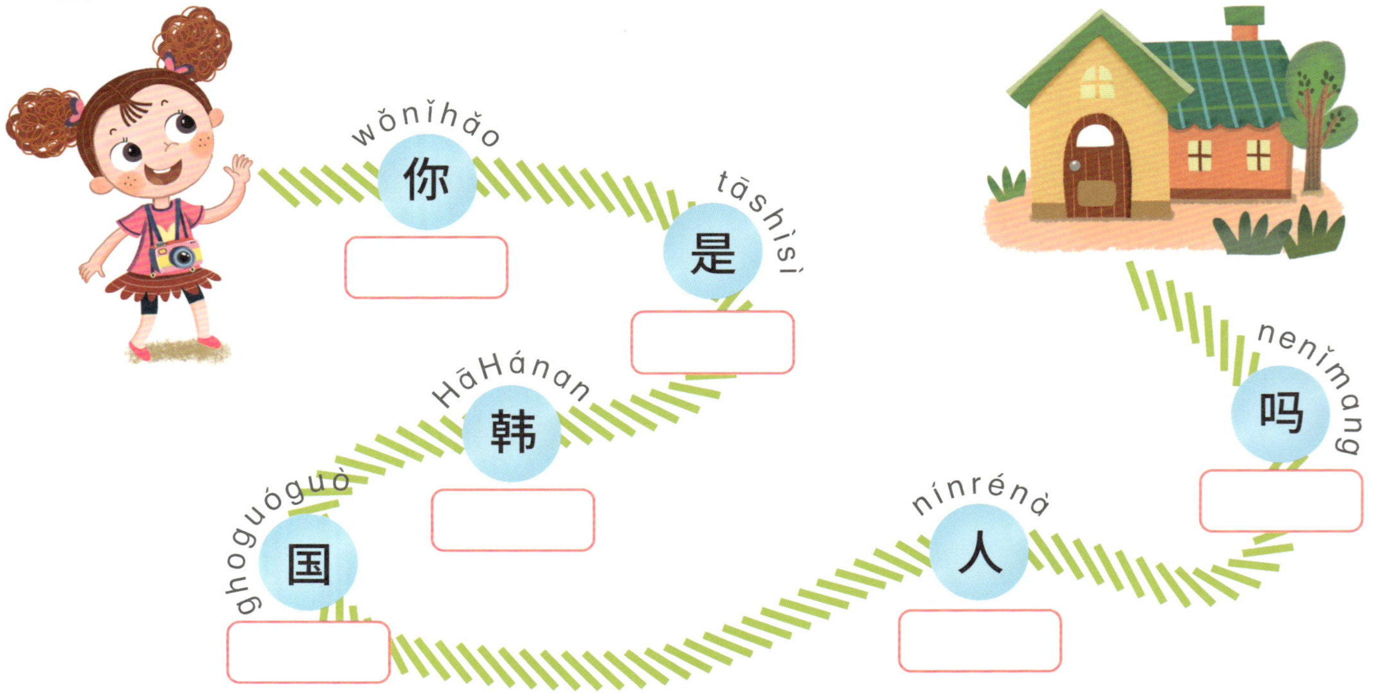

⭐ 들려주는 녹음 내용을 잘 듣고 풀어 보세요.

1. 잘 듣고 해당하는 단어나 문장에 ◯ 하세요. 

❶ 呢　哪　那　　　❷ 她　他　也

❸ 不是　是不　也是　　❹ 是得　是的　是地

2. 잘 듣고 알맞은 글자를 고르세요. 

❶ 你｜我 是 汉｜韩 国人吗?

❷ 我 不｜没 是中国人。

❸ 我 他｜也 是日本人。

3. 대화를 듣고 대화가 일어난 순서대로 번호를 쓰세요. 

❶ 

❷ 

❸ 

❹ 

我喜欢红色。

써지는 쓰기연습

⭐ 빈칸에 들어갈 한자를 따라 써 보세요.

⭐ 쓰는 순서를 익히고 한자와 병음을 써 보세요.

총12획

기쁘다

xǐ

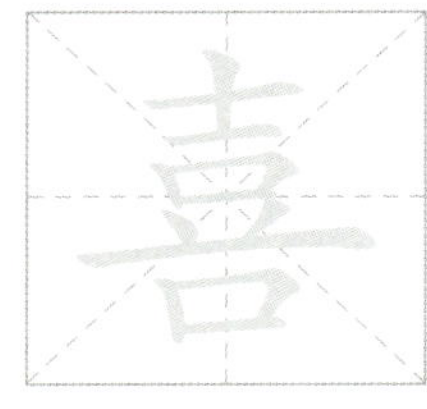

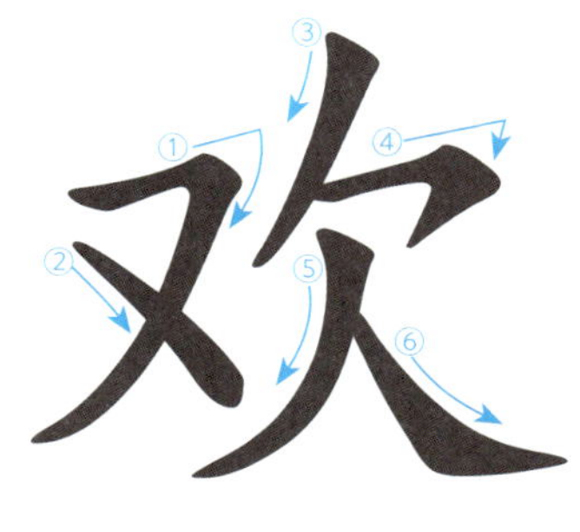

총6획

좋아하다

huān

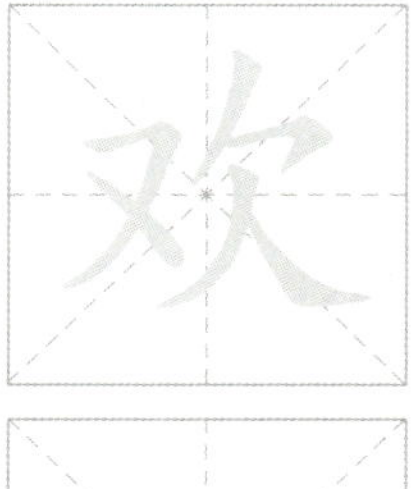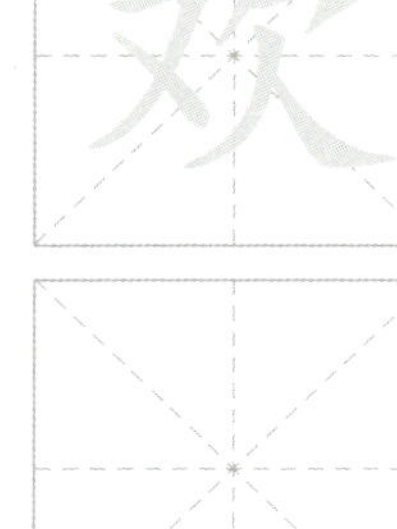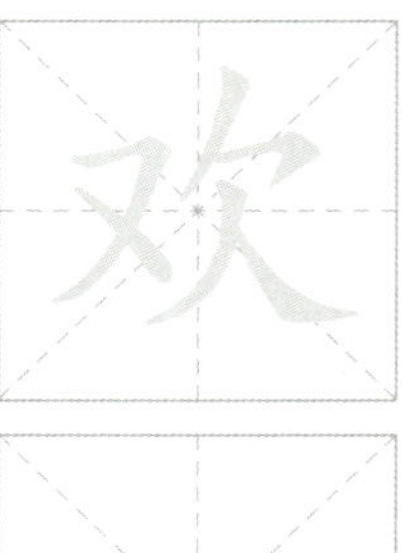

총6획	붉다	hóng	红	红	红
총6획	색	sè	色	色	色
총13획	남색의	lán	蓝	蓝	蓝
총6획	저것 / 그러면	nà	那	那	那

1. 병음을 읽고 한자의 빠진 부분을 채워 써 보세요.

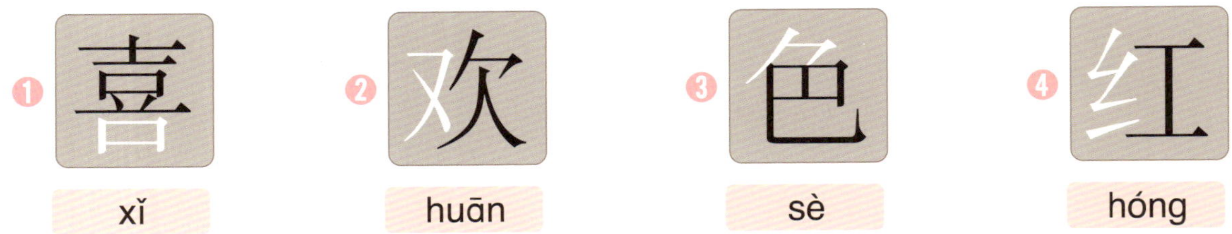

❶ 喜 xǐ ❷ 欢 huān ❸ 色 sè ❹ 红 hóng

2. 다음 숫자 암호를 풀어보세요.

1	2	3	4	5	6	7	8	9	10
a	è	ǐ	ó	u	n	ng	h	s	x

❶ 红色　8 4 7 9 2

→ _______________

❷ 喜欢　10 3 8 5 1 6

→ _______________

3. 밍밍이의 말을 중국어로 말해보며 미로를 탈출하세요.

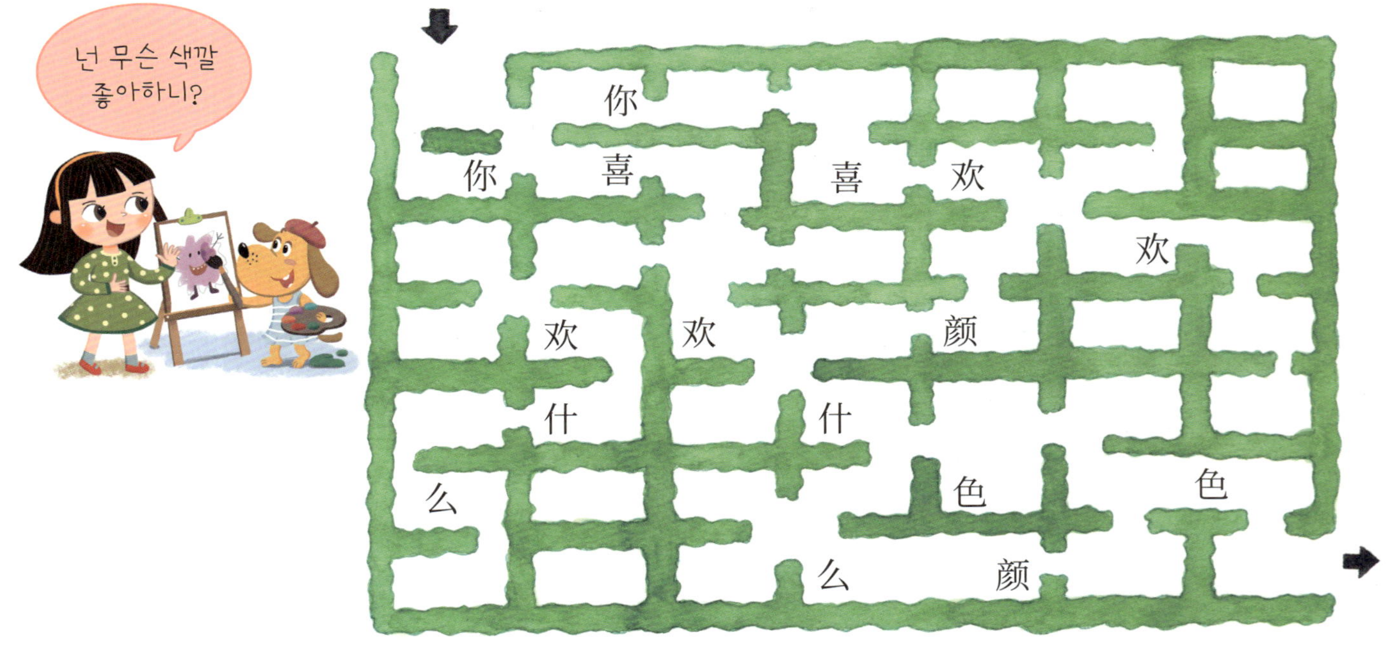

★ 들려주는 녹음 내용을 잘 듣고 풀어 보세요.

1. 잘 듣고 해당하는 단어나 문장에 ◯ 하세요.  Track 13 

❶ 那　哪　这　　❷ 你吗　你呢　你吧

❸ 不是　名字　喜欢　　❹ 颜色　蓝色　红色

2. 대화를 듣고 병음을 표기하세요.  Track 14 

❶ 

❷ 

3. 들려주는 내용과 일치하는 문장에 ◯ 하세요.  Track 15 

❶ 我喜欢红色。
我不喜欢红色。

❷ 我喜欢蓝色。
我不喜欢蓝色。

❸ 我喜欢黄色。
我不喜欢黄色。

你几岁?

써지는 쓰기연습

⭐ 빈칸에 들어갈 한자를 따라 써 보세요.

⭐ 쓰는 순서를 익히고 한자와 병음을 써 보세요.

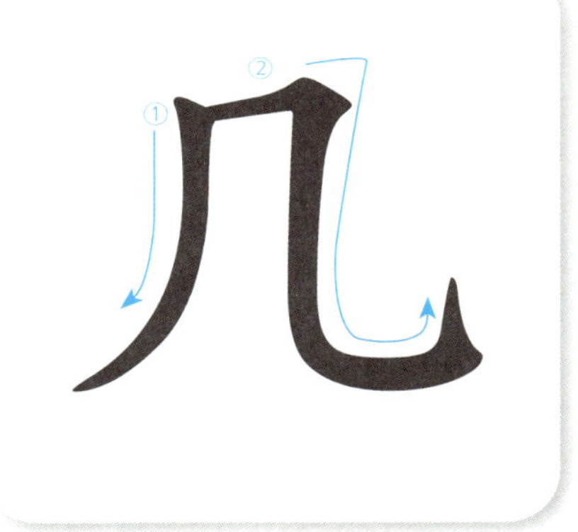

총2획
몇

jǐ

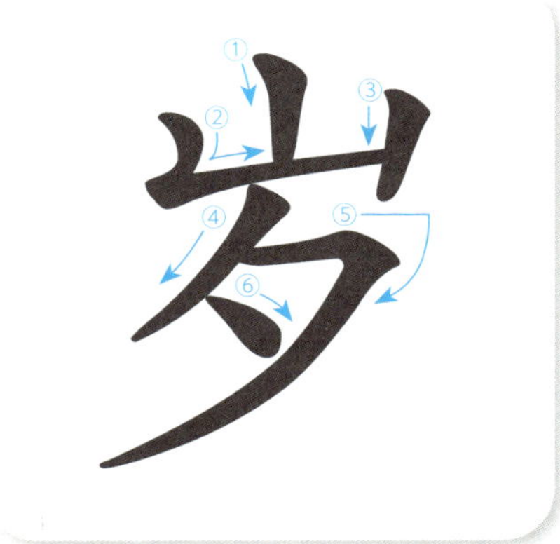

총6획
살 (나이)

suì

五岁 다섯 살　六岁 여섯 살

총4획
다섯, 오
wǔ

총4획
여섯, 육
liù

총2획
일곱, 칠
qī

총2획
여덟, 팔
bā

★ 배운 단어를 기억하며 문제를 풀어 보세요.

1. 병음을 읽고 한자의 빠진 부분을 채워 써 보세요.

① 几 — jǐ
② 七 — qī
③ 六 — liù
④ 岁 — suì

2. 중국어 문장에 맞는 우리말을 찾아 적으세요.

① 你几岁?

···▶ ☐ ☐ ☐ 이니?

② 我六岁。

···▶ ☐ ☐ ☐ 이야.

3. 밍밍이의 질문에 해당하는 병음을 모두 색칠하면 답이 나옵니다. 질문의 답을 빈칸에 쓰세요.

wǒ	tā	tā	tā	tā	tā	tā	tā	wǒ
wǒ	nī	ní	nī	nǐ	nī	ní	nī	wǒ
wǒ	nǐ	nǐ	nǐ	nǐ	nǐ	nǐ	nǐ	wǒ
hǎo	hǎo	jì	jì	jì	jì	jì	hǎo	hǎo
jī	jī	jǐ	bā	bā	bā	suì	hǎo	hǎo
hǎo	jǐ	qī	qī	qī	qī	qī	suì	hǎo
bā	bā	suǐ	suí	suǐ	suí	suǐ	bā	bā

★ 들려주는 녹음 내용을 잘 듣고 풀어 보세요.

1. 잘 듣고 해당하는 단어나 문장에 ◯ 하세요. 🎧 Track 16

① 个 几 岁 ② 六 七 八

③ 你好吗? 你几岁? 你呢? ④ 他六岁。 他七岁。 他八岁。

2. 대화를 듣고 질문에 알맞은 답을 한자로 쓰세요. 🎧 Track 17

① 我 ◻ 岁。

② 我 ◻ 岁。

3. 대화를 듣고 문제의 답을 한자로 쓰세요. 🎧 Track 18

你属什么？

써지는 쓰기연습

빈칸에 들어갈 한자를 따라 써 보세요.

쓰는 순서를 익히고 한자와 병음을 써 보세요.

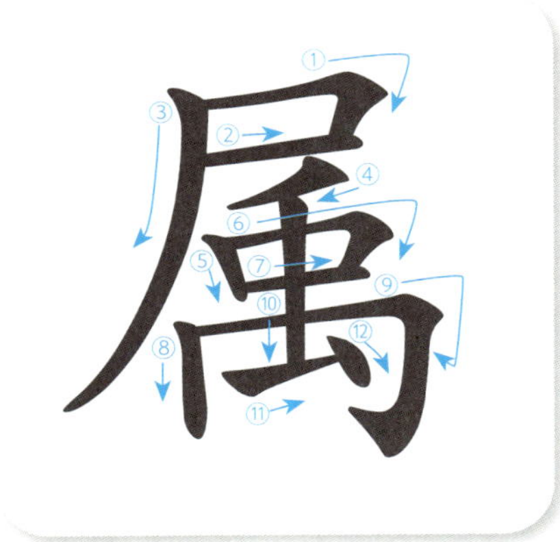

총12획

~띠이다

shǔ

属　属　属

총4획

소

niú

牛　牛　牛

총8획
호랑이

hǔ

총8획
개

gǒu

총6획
양

yáng

총3획
말

mǎ

⭐ 배운 단어를 기억하며 문제를 풀어 보세요.

1. 병음을 읽고 한자의 빠진 부분을 채워 써 보세요.

① 牛	② 马	③ 虎	④ 属
niú	mǎ	hǔ	shǔ

2. 알맞은 것끼리 선으로 연결하세요.

hǔ

yáng

gǒu

mǎ

狗

马

羊

虎

3. 그림을 보고 빈칸에 들어갈 한자와 병음을 찾아 연결하세요.

狗 • • zhū

兔 • • gǒu

龙 • • lóng

猪 • • tù

★ 들려주는 녹음 내용을 잘 듣고 풀어 보세요.

1. 잘 듣고 해당하는 단어나 문장에 ◯ 하세요.  Track 19 

❶ 马　虎　牛

❷ 是　岁　属

❸ 你属什么?　你叫什么名字?　你喜欢什么颜色?

❹ 我属牛。　我叫南南。　我是中国人。

2. 잘 듣고 알맞게 쓰여진 문장을 고르세요.  Track 20 

❶ Nǐ shǔ shénme?　Nǐ shù shénme?　Nǐ shǔ shènme?

❷ Wǒ shǔ shè.　Wǒ shǔ shé.　Wǒ shǔ shénme.

❸ 属你什么?　你属什么?　你什么属?

3. 대화를 듣고 주인공의 띠에 해당하는 그림을 찾아 ✔ 하세요.  Track 21 

써지는 쓰기연습

⭐ 빈칸에 들어갈 한자를 따라 써 보세요.

⭐ 쓰는 순서를 익히고 한자와 병음을 써 보세요.

총10획
누구

shéi

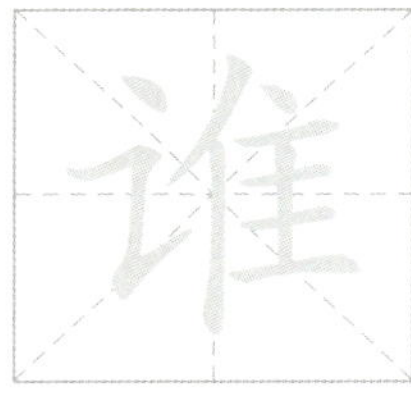

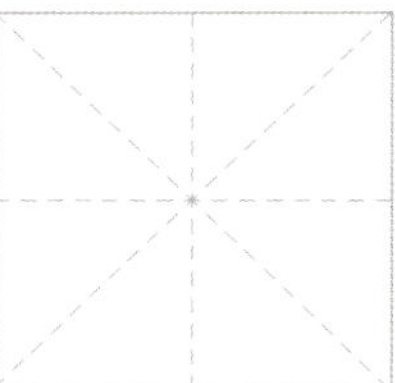
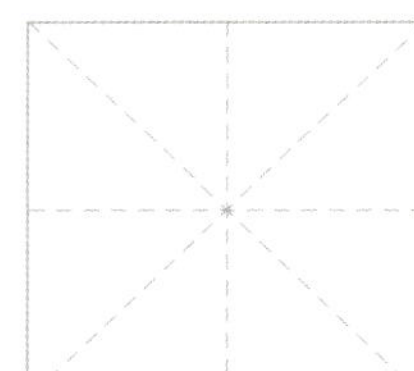
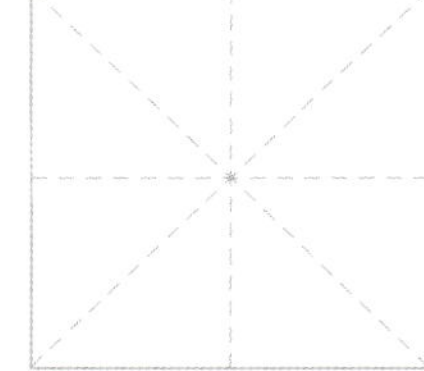

총8획
아빠

bà

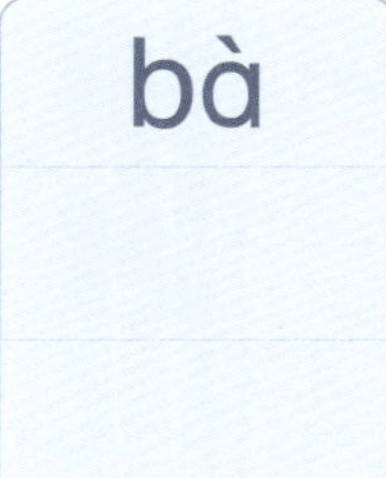

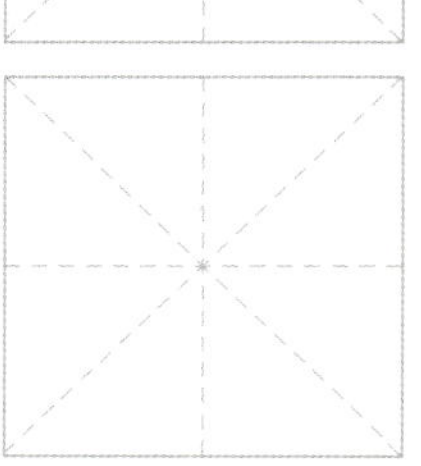

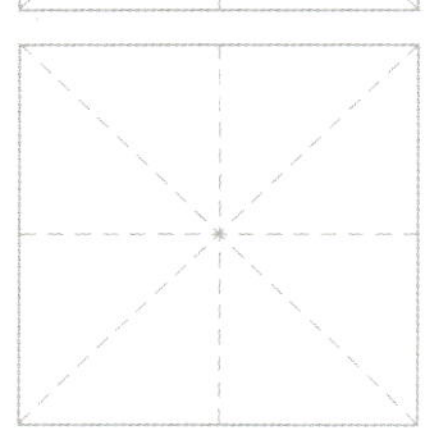

妈

총6획

엄마

mā

妈 妈 妈

姐

총8획

언니, 누나

jiě

姐 姐 姐

哥

총10획

오빠, 형

gē

哥 哥 哥

弟

총7획

남동생

dì

弟 弟 弟

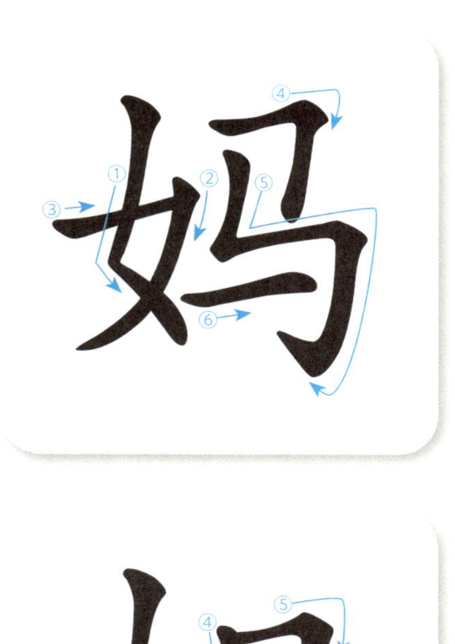

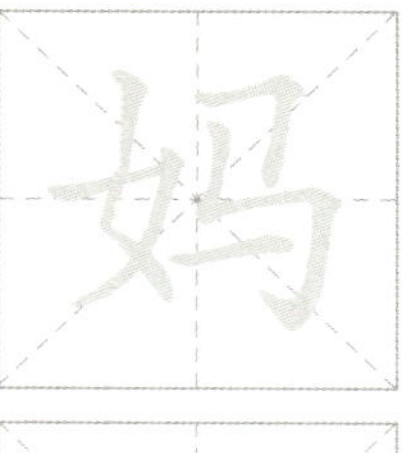

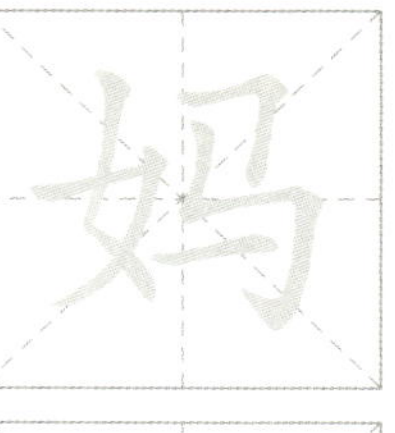

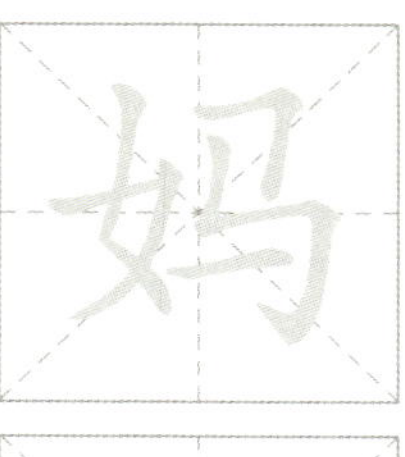

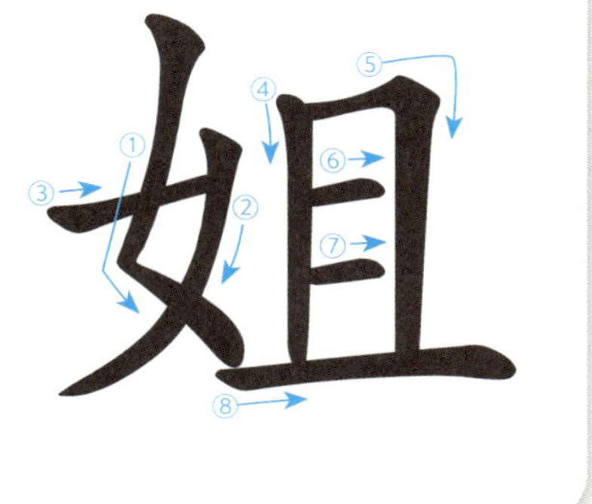

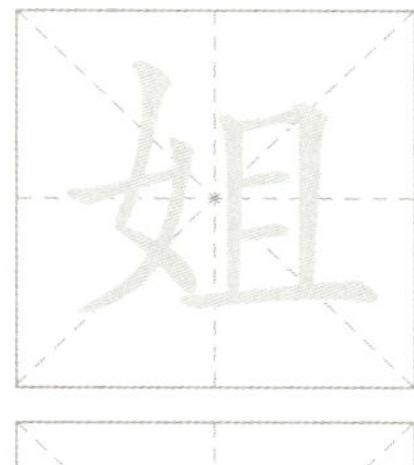

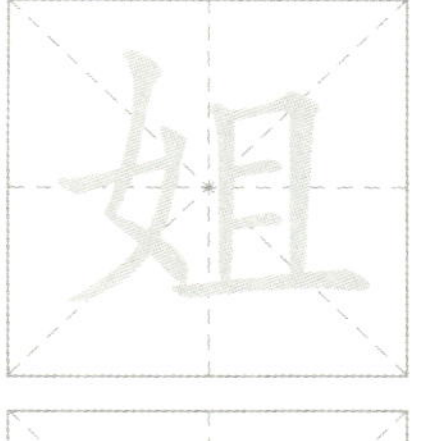

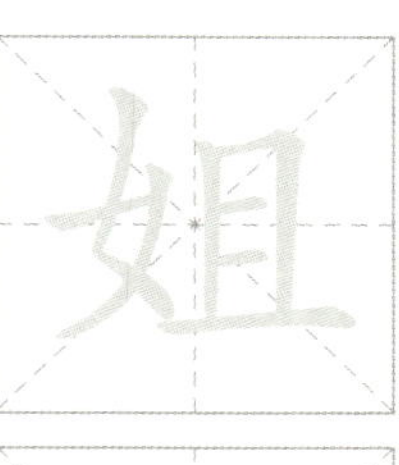

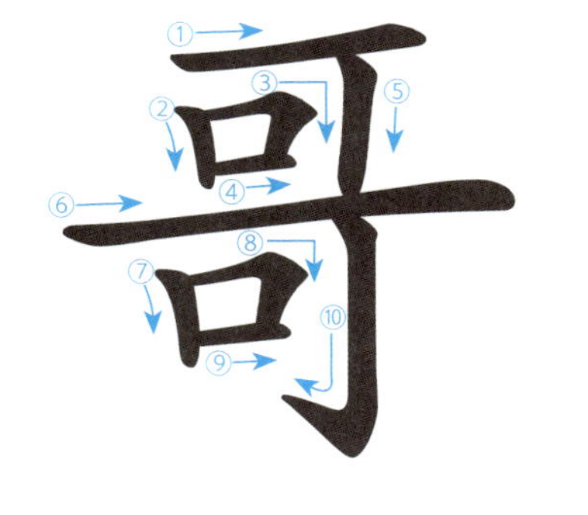

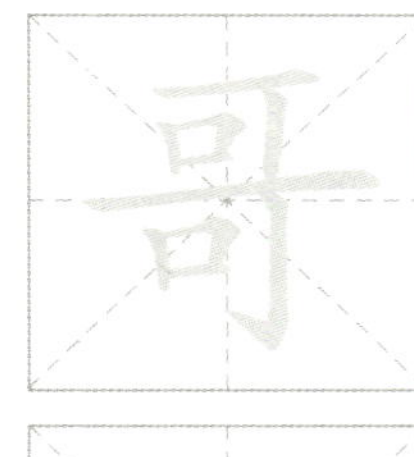

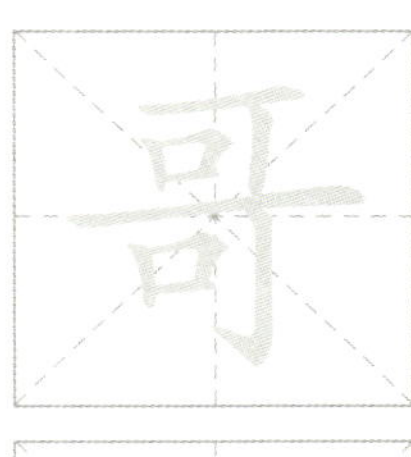

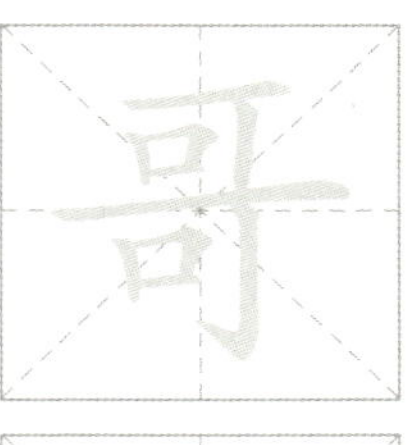

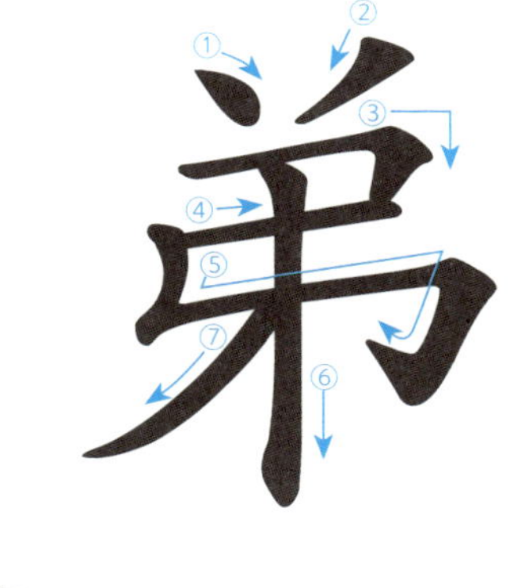

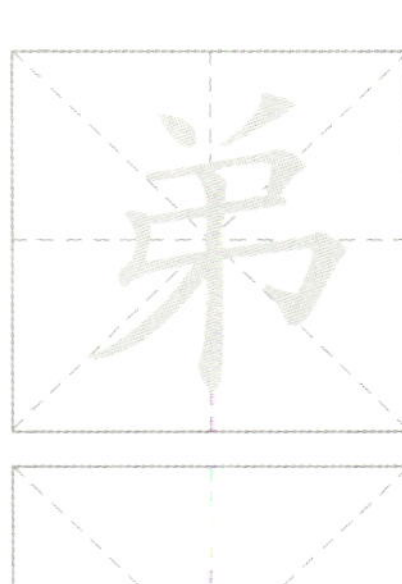

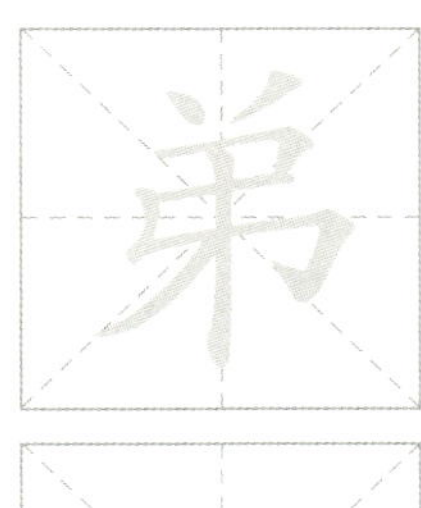

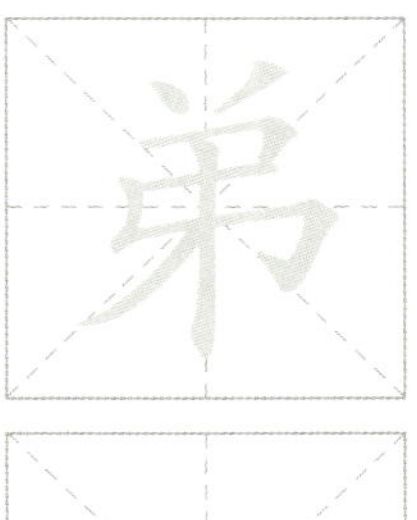

1. 병음을 읽고 한자의 빠진 부분을 채워 써 보세요.

2. 빈칸에 들어갈 성조를 표시하고 각 성조가 몇 번씩 쓰였는지 숫자를 쓰세요.

❶ A: Tamen shi shei?　B: Ta shi wǒ mama, ta shi wǒ jiejie.

❷ A: Ta shi shei?　B: Ta shi wǒ baba.

―	／	∨	＼
1성	2성	3성	4성
개	개	개	개

3. 베이베이의 가족입니다. 그림과 단어를 바르게 연결하세요.

⭐ 들려주는 녹음 내용을 잘 듣고 풀어 보세요.

1. 잘 듣고 해당하는 단어나 문장에 ⭕ 하세요. 🎧 Track 22 

- ❶ 妈妈　　爸爸　　姐姐
- ❷ 他是谁?　我是谁?　你是谁?
- ❸ 她是我奶奶。　她是我妈妈。　她是我姐姐。
- ❹ 他是我爸爸。　他是我爷爷。　他是我哥哥。

2. 잘 듣고 등장하지 <u>않은</u> 사람을 찾아 ✔ 하세요. 🎧 Track 23 

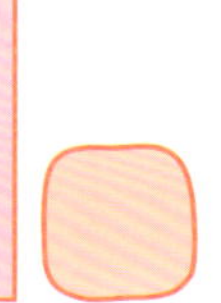

3. 대화를 듣고 빈칸에 들어갈 말을 쓰세요. 🎧 Track 24 

❶

❷

써지는 쓰기연습

★ 빈칸에 들어갈 한자를 따라 써 보세요.

★ 쓰는 순서를 익히고 한자와 병음을 써 보세요.

총10획
집

jiā

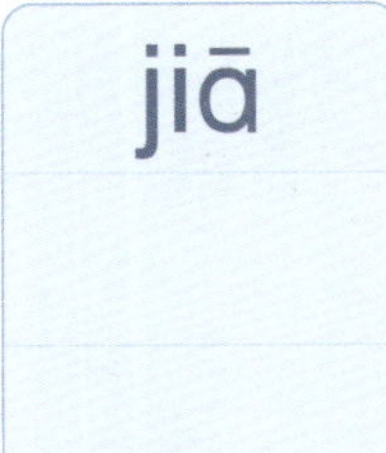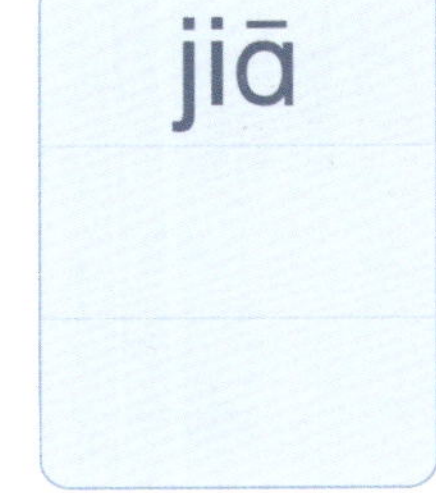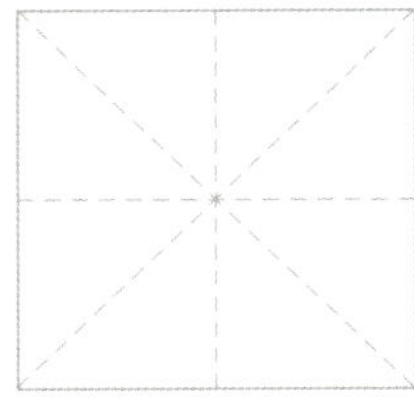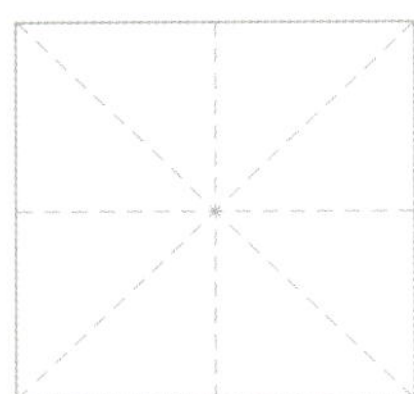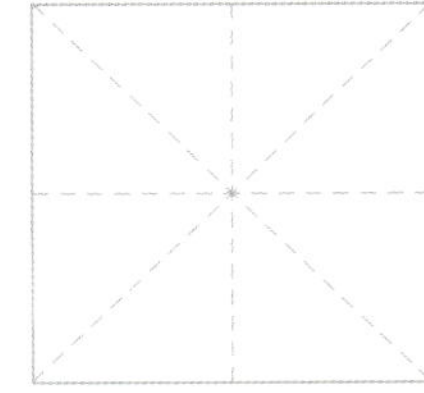

총6획
있다

yǒu

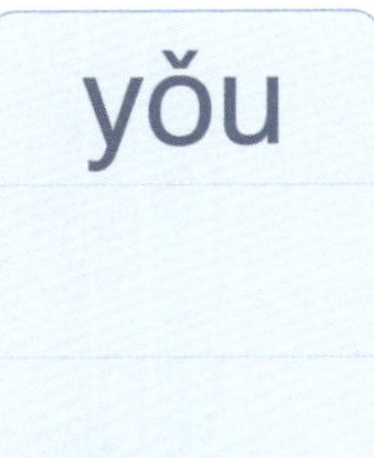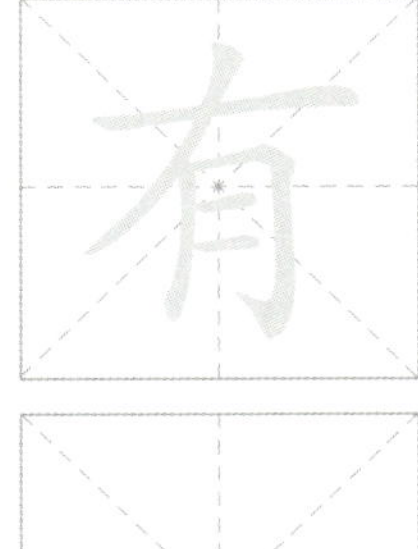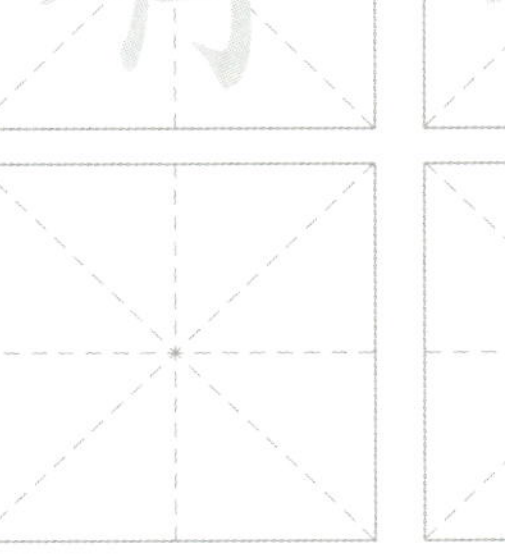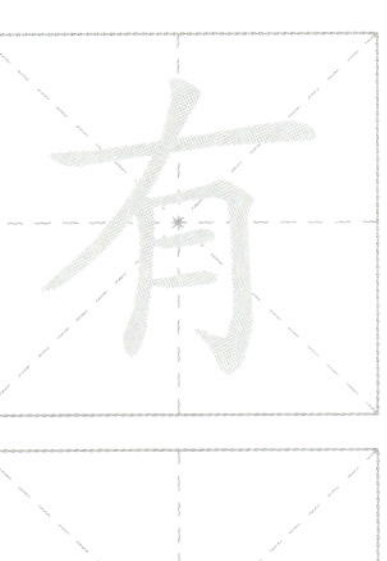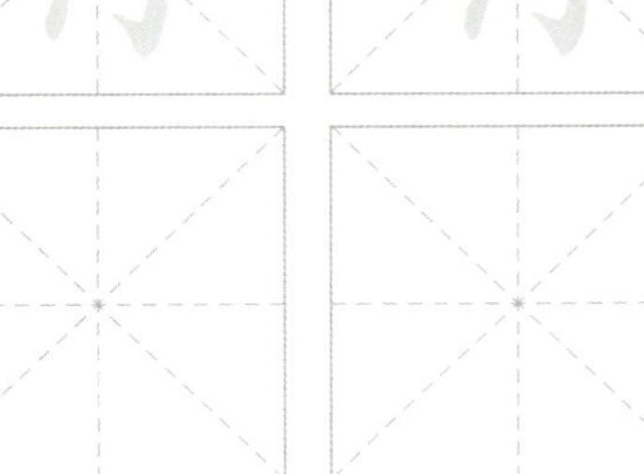

총3획
입 / 식구
kǒu

총8획
~와
hé

총6획
할아버지
yé

총5획
할머니
nǎi

⭐ 배운 단어를 기억하며 문제를 풀어 보세요.

1. 병음을 읽고 한자의 빠진 부분을 채워 써 보세요.

① 口	② 和	③ 有	④ 家
kǒu	hé	yǒu	jiā

2. 그림을 보고 말해 보세요. 다음 문장에 들어갈 병음은 각각 몇 개인가요?

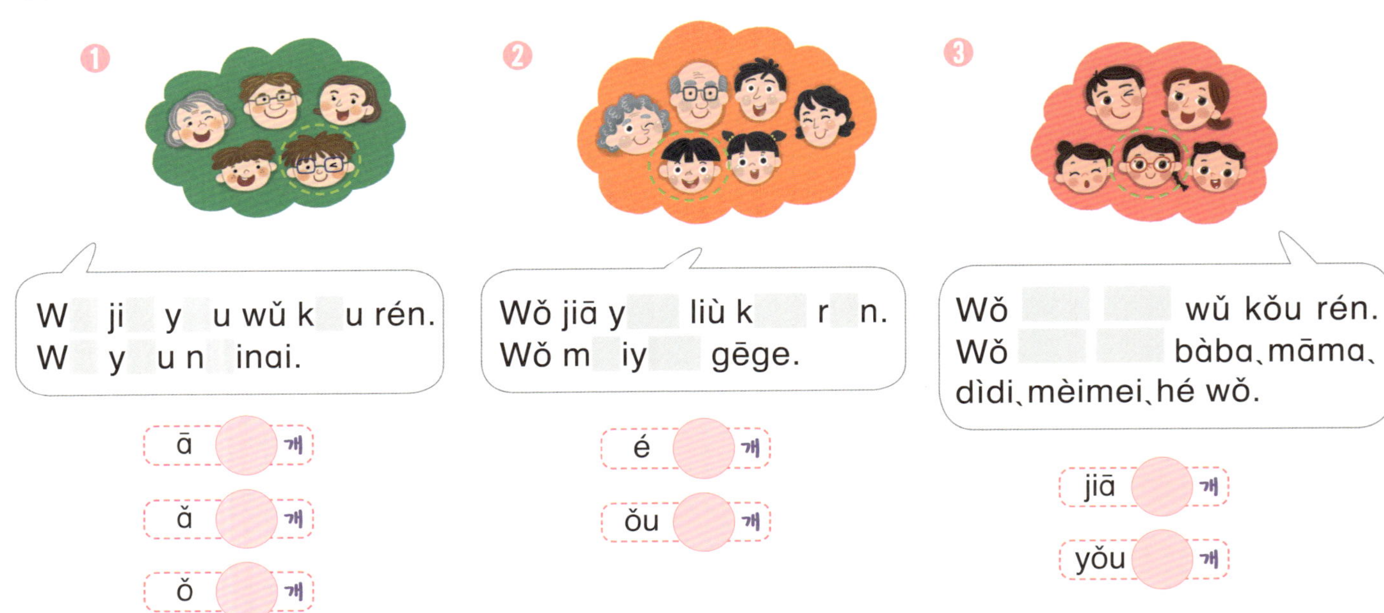

① ā [ ] 개 ǎ [ ] 개 ǒ [ ] 개

② é [ ] 개 ǒu [ ] 개

③ jiā [ ] 개 yǒu [ ] 개

3. 다음 질문에 맞는 부분에 체크하고 자신의 가족을 소개해 보세요.

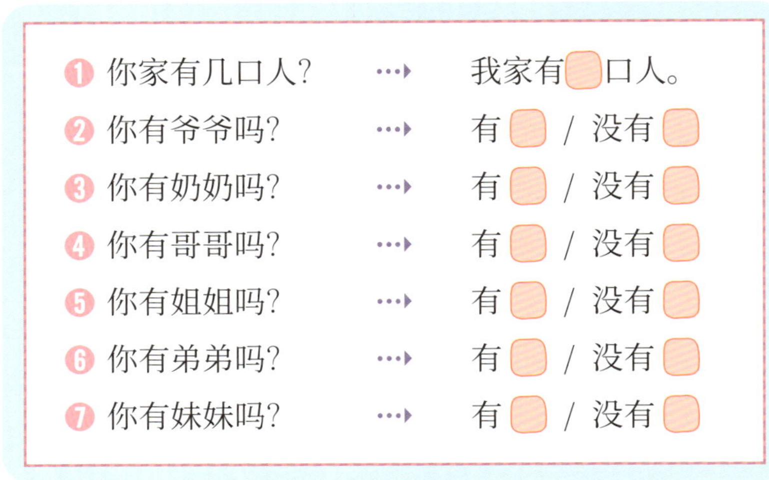

❶ 你家有几口人?	···▶	我家有 [ ] 口人。
❷ 你有爷爷吗?	···▶	有 [ ] / 没有 [ ]
❸ 你有奶奶吗?	···▶	有 [ ] / 没有 [ ]
❹ 你有哥哥吗?	···▶	有 [ ] / 没有 [ ]
❺ 你有姐姐吗?	···▶	有 [ ] / 没有 [ ]
❻ 你有弟弟吗?	···▶	有 [ ] / 没有 [ ]
❼ 你有妹妹吗?	···▶	有 [ ] / 没有 [ ]

⭐ 들려주는 녹음 내용을 잘 듣고 풀어 보세요.

1. 잘 듣고 해당하는 단어나 문장에 ⭕ 하세요. 🎧 Track 25

① 口　几　个

② 家　是　有

③ 也有　没有　不有

④ 你是哪国人?　你家有几口人?　你喜欢什么颜色?

2. 잘 듣고 알맞은 순서대로 번호를 쓰세요. 🎧 Track 26

① 有　吗　你　哥哥 ?

② 家　几　人　你　口　有 ?

3. 대화를 듣고 해당하는 그림을 모두 고르세요. 🎧 Track 27

써지는 쓰기연습

빈칸에 들어갈 한자를 따라 써 보세요.

쓰는 순서를 익히고 한자와 병음을 써 보세요.

총7획
이것

zhè

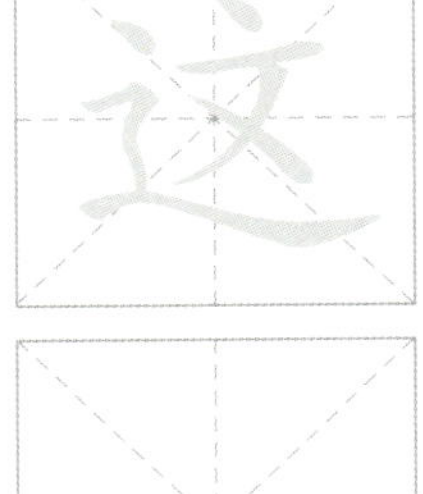 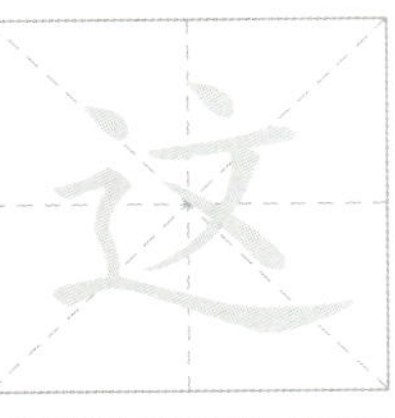 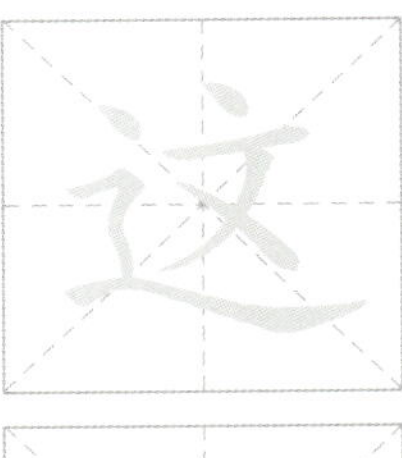

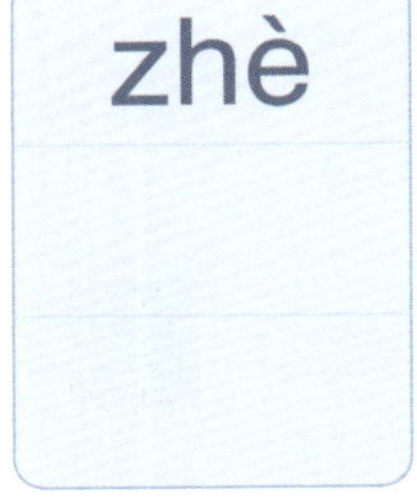 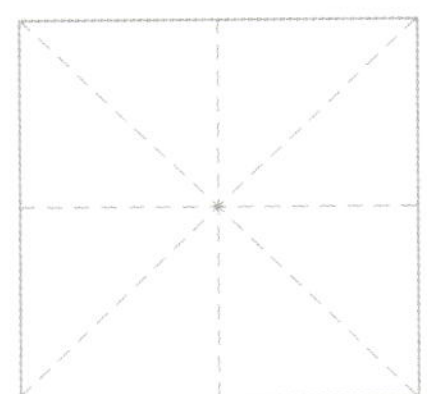 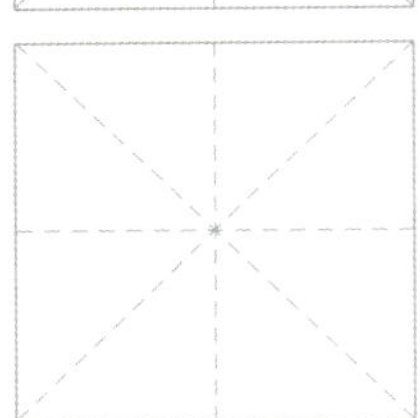 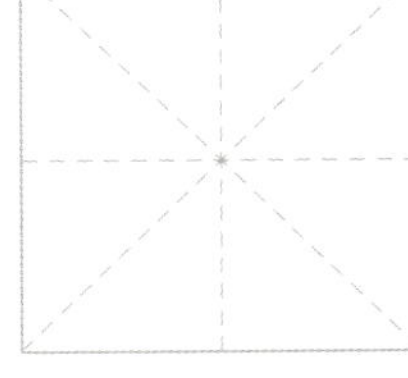

총4획
책

shū

 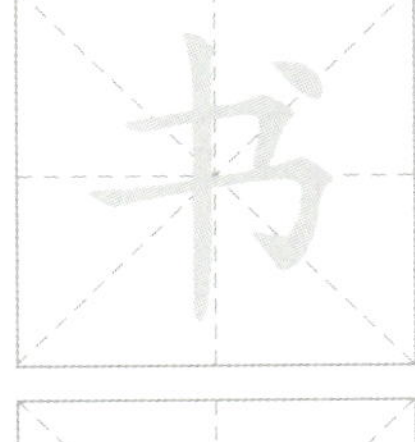    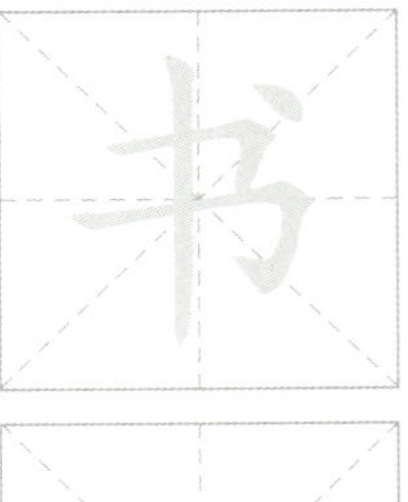

총5획
꾸러미
bāo

총8획
여동생
mèi

총12획
모자
mào

총3획
아들
zǐ

★ 배운 단어를 기억하며 문제를 풀어 보세요.

1. 병음을 읽고 한자의 빠진 부분을 채워 써 보세요.

① 书   shū

② 包   bāo

③ 这   zhè

④ 帽   mào

2. 틀린 병음을 찾아 ✔ 하세요.

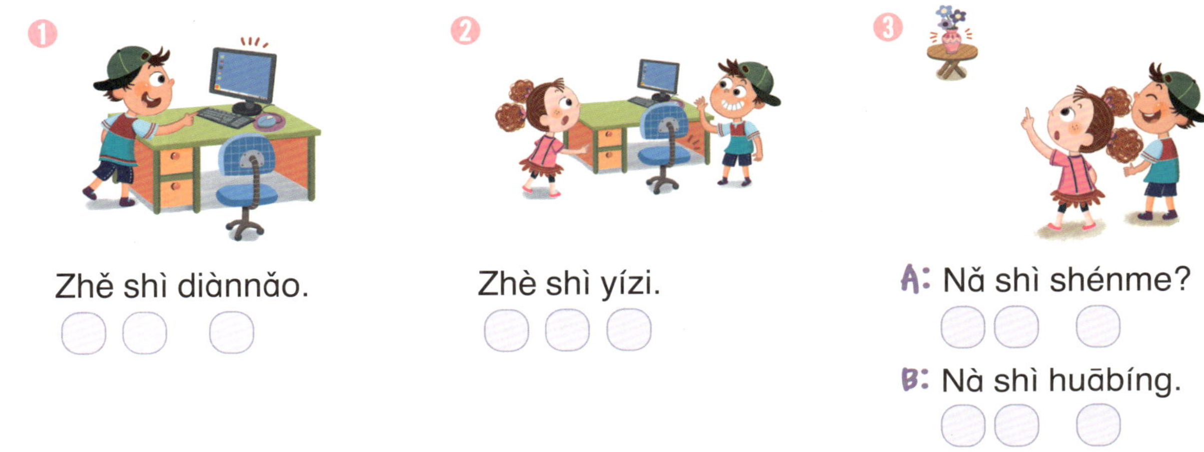

① Zhě shì diànnǎo.

② Zhè shì yǐzi.

③ A: Nǎ shì shénme?

B: Nà shì huābíng.

3. 난난이의 질문에 베이베이는 어떻게 말해야 할까요?

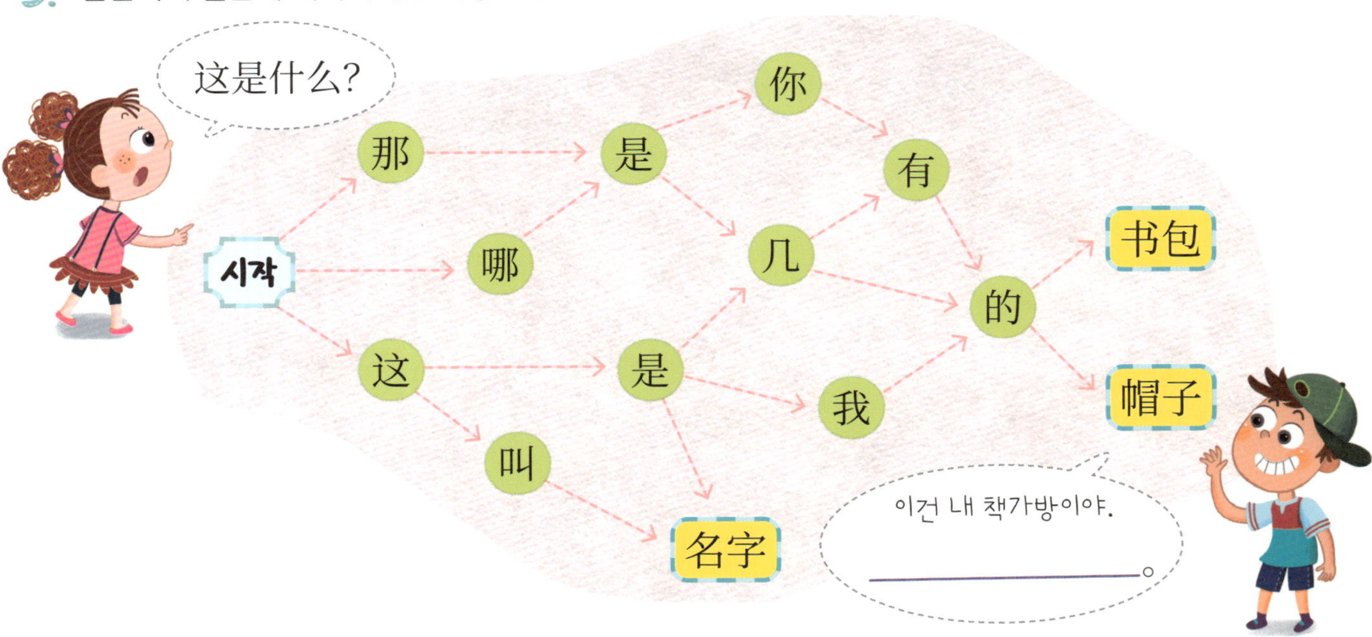

★ 들려주는 녹음 내용을 잘 듣고 풀어 보세요.

1. 잘 듣고 해당하는 단어나 문장에 ◯ 하세요.  Track 28 

❶ | 那 | 这 | 哪 |

❷ | 口 | 几 | 的 |

❸ | 书包 | 红色 | 红包 |

❹ | 他是谁? | 那是什么? | 你叫什么名字? |

2. 대화가 이루어지는 상황을 나타낸 그림에 ✔ 하세요.  Track 29

❶ 

❷  

3. 잘 듣고 녹음에 등장하는 사물을 모두 찾아 ◯ 하세요.  Track 30 

다시 써 보는 병음연습

Unit 1 你好!

你好! 我是南南。 안녕! 나는 난난이야.

Nǐ hǎo! Wǒ shì Nánnan.

你好! 我是北北。 안녕! 나는 베이베이야.

再见! 잘 가!

再见! 잘 가!

Unit 2 谢谢!

谢谢! 고마워!

不客气! 천만에!

对不起! 미안해!

没关系! 괜찮아!

你叫什么名字?

你叫什么名字?　이름이 뭐야?

我叫南南，你呢?　난난이라고 해, 넌?

我叫北北。　난 베이베이라고 해.

你好! 北北。　안녕! 베이베이.

你是韩国人吗?

你是韩国人吗?　너 한국인이니?

是的，你呢?　응, 너는?

我不是韩国人，我是中国人。　난 한국인이 아냐, 중국인이야.

他也是中国人。　쟤도 중국인이야.

Unit 5 我喜欢红色。

我喜欢红色，你呢? 나는 빨간색을 좋아해, 너는?

我不喜欢红色。 난 빨간색 싫어.

那你喜欢蓝色吗? 그러면 파란색 좋아해?

是的，我喜欢蓝色。 응, 난 파란색 좋아해.

Unit 6 你几岁?

你几岁? 너 몇 살이야?

我七岁，你呢? 7살이야, 너는?

我八岁，他呢? 난 8살이야, 쟤는?

他六岁。 6살이야.

Unit 7 你属什么?

你属什么?　넌 띠가 뭐야?

我属牛。　난 소띠야.

你属什么?　넌 띠가 뭐야?

我属虎。　난 호랑이띠야.

Unit 8 他是谁?

他是谁?　저 분은 누구셔?

他是我爸爸。　우리 아빠야.

她们是谁?　저 사람들은 누구야?

她是我妈妈，她是我姐姐。　저 분은 우리 엄다고, 저기는 우리 언니야.

Unit 9 你家有几口人？

你家有几口人？　너희 집은 식구가 몇이니?

我家有五口人。　우리 집은 다섯 식구야.

你有哥哥吗？　넌 오빠가 있니?

没有，我有姐姐。　아니, 나는 언니가 있어.

Unit 10 这是什么？

这是什么？　이건 뭐야?

这是我的书包。　이건 내 책가방이야.

那是什么？　저건 뭐야?

那是我妹妹的帽子。　저건 내 여동생 모자야.

부록

1과 _______________ p.5

1. ① 你 ② 我们 ③ 再 ④ 你好!

2. ① A: 再见!
   B: 再见!
   ② A: 你们好!
   B: 你好! 南南。

3. ① A: 你好!
   B: 我是明明。
   ② A: 北北, 她是南南。
   B: 你好! 南南。

2과 _______________ p.9

1. ① 对 ② 谢谢 ③ 关系 ④ 不客气

2. ① 对不起! ② 谢谢!

3. ① A: 对不起!
   B: 没关系!
   ② A: 谢谢!
   B: 不客气!

3과 _______________ p.13

1. ① 叫 ② 呢 ③ 什么 ④ 名字

2. 你好! 我叫东东。
   你好! 我叫明明。
   你好! 我叫南南。

3. ① 你好! 我叫明明。
   ② 你叫什么名字?

4과 _______________ p.17

1. ① 哪 ② 也 ③ 不是 ④ 是的。

2. ① 你是韩国人吗?
   ② 我不是中国人。
   ③ 我也是日本人。

3. ① A: 你们好!
   B: 你好!
   ② A: 你叫什么名字?
   B: 我叫南南。
   ③ A: 你是韩国人吗?
   B: 我是韩国人。
   ④ A: 再见!
   B: 再见!

5과 _______________ p.21

1. ① 那 ② 你呢? ③ 喜欢 ④ 红色

2. ① A: 我喜欢红色, 你呢?
   B: 我不喜欢红色。
   ② A: 你喜欢黑色吗?
   B: 是的, 我喜欢黑色。

3. ① 我喜欢红色。
   ② 我不喜欢蓝色。
   ③ 我喜欢黄色。

6과 _______________ p.25

1. ① 几 ② 七 ③ 你几岁? ④ 他八岁。

2. ① A: 你几岁?
   B: 我五岁。

② A: 你几岁?
B: 我四岁。

3. A: 你几岁?
B: 我九岁，你呢?
A: 我八岁。

<hr>

7과 _____________________ p.29

1. **①** 马 **②** 属 **③** 你属什么? **④** 我属牛。

2. **①** Nǐ shǔ shénme?
② Wǒ shǔ shé.
③ 你属什么?

3. A: 你属什么?
B: 我属狗，你呢?
A: 我属龙。

<hr>

8과 _____________________ p.33

1. **①** 姐姐　　**②** 他是谁?
③ 她是我妈妈。　**④** 他是我爸爸。

2. A: 他是谁?
B: 他是我爷爷。
A: 她们是谁?
A: 她是我姐姐，她是我妹妹。

3. **①** A: 他是谁?
B: 他是我爸爸。
② A: 她是谁?
B: 她是我妈妈。

<hr>

9과 _____________________ p.37

1. **①** 口 **②** 有 **③** 没有 **④** 你家有几口人?

2. **①** 你有哥哥吗?
② 你家有几口人?

3. A: 你家有几口人?
B: 我家有四口人。
A: 你家有几口人?
B: 我家有六口人。

<hr>

10과 _____________________ p.41

1. **①** 这 **②** 的 **③** 书包 **④** 那是什么?

2. **①** A: 这是什么?
B: 这是椅子。
② A: 那是什么?
B: 那是床。

3. A: 这是什么?
B: 这是电话。
A: 这是什么?
B: 这是电脑。
A: 那是什么?
B: 那是电视。

1과

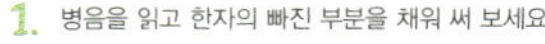 술술 풀리는 **단어**연습

배운 단어를 기억하며 문제를 풀어 보세요.

들려주는 녹음 내용을 잘 듣고 풀어 보세요.
(듣기문제 다운로드 www.jplus114.com)

삑삑 들리는 **듣기**연습

1. 병음을 읽고 한자의 빠진 부분을 채워 써 보세요.

 你 ① nǐ  见 ② jiàn  好 ③ hǎo  我 ④ wǒ

2. 알맞은 병음을 골라 ◯ 하고 큰소리로 읽어 보세요.

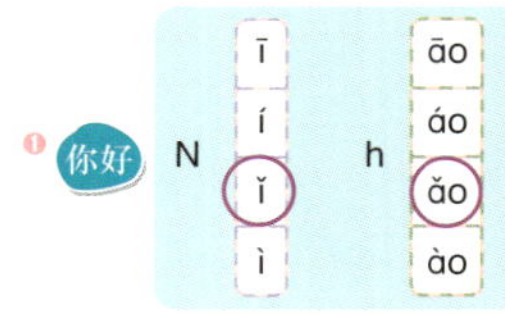

① 你好 N h
- ī
- í
- (ǐ)
- ì
- āo
- áo
- (ǎo)
- ào

② 再见 Z ji
- āi
- ái
- ǎi
- (ài)
- ān
- án
- (ǎn)
- àn

3. 알맞은 병음을 찾아 쓰고 큰 소리로 읽어 보세요.

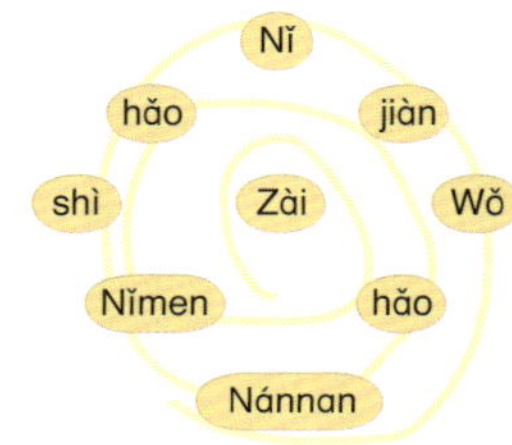

Nǐ / hǎo / jiàn / shì / Zài / Wǒ / Nǐmen / hǎo / Nánnan

 你好! — **Nǐ hǎo!**

 再见! — **Zàijiàn!**

 我是南南。 — **Wǒ shì Nánnan.**

 你们好! — **Nǐmen hǎo!**

1. 잘 듣고 해당하는 단어나 문장에 ◯ 하세요. [Track 01]

① 我 wǒ / 你 nǐ / 她 tā
② 我们 wǒmen / 你们 nǐmen / 她们 tāmen
③ 是 shì / 再 zài / 好 hǎo
④ 你好 nǐ hǎo / 老师好 lǎoshī hǎo / 再见 zàijiàn

2. 대화를 듣고 어떤 상황인지 알맞은 그림에 ✔ 하세요. [Track 02]

3. 대화를 듣고 빈칸에 들어갈 한자를 쓰세요. [Track 03]

① 你 好! / 我是明明。
② 北北! 她 是南南。 / 你好! 南南。

보기
你
她

2과

술술 풀리는 **단어**연습

배운 단어를 기억하며 문제를 풀어 보세요.

들려주는 녹음 내용을 잘 듣고 풀어 보세요.

삑삑 들리는 **듣기**연습

1. 병음을 읽고 한자의 빠진 부분을 채워 써 보세요.

① 没 méi ② 不 bù ③ 客 kè ④ 系 xì

2. 주어진 문장의 병음을 찾아 ◯ 하고 알맞은 것끼리 연결하세요.

3. 우리말 뜻을 보고 알맞은 병음을 찾아 미로를 탈출하세요.

미안해
괜찮아
没关系
对不起

1. 잘 듣고 해당하는 단어나 문장에 ◯ 하세요. [Track 04]

① 好 hǎo / 没 méi / 对 duì
② 你好 nǐ hǎo / 谢谢 xièxie / 再见 zàijiàn
③ 关系 guānxi / 生日 shēngrì / 快乐 kuàilè
④ 不客气 bú kèqi / 对不起 duìbuqǐ / 没关系 méi guānxi

2. 잘 듣고 올바른 대답을 고르세요. [Track 05]

①
ⓐ Xièxie. ⓑ Nǐmen hǎo. ⓒ Méi guānxi.
②
ⓐ Bú kèqi. ⓑ Méi guānxi. ⓒ Duìbuqǐ.

3. 대화를 듣고 상황과 어울리지 <u>않는</u> 해석을 고르세요. [Track 06]

①
ⓐ 죄송해요
ⓑ 안녕하세요
ⓒ 괜찮아요
②
ⓐ 잘 가
ⓑ 천만에요
ⓒ 고마워요

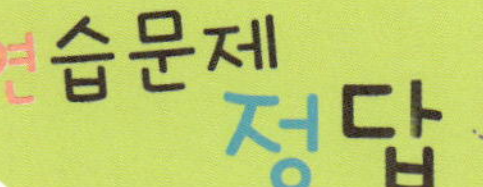

연습문제 정답

3과

놀놀 풀리는 단어연습
★ 배운 단어를 기억하며 문제를 풀어 보세요.

쏙쏙 들리는 듣기연습
★ 들려주는 녹음 내용을 잘 듣고 풀어 보세요.

1. 병음을 읽고 한자의 빠진 부분을 채워 써 보세요.
叫 jiào   什 shén   名 míng   呢 ne

1. 잘 듣고 해당하는 단어나 문장에 ○ 하세요. Track 07
① 叫 jiào   是 shì   我 wǒ
② 吧 ba   吗 ma   呢 ne
③ 关系 guānxi   再见 zàijiàn   什么 shénme
④ 谢谢 xièxie   名字 míngzi   你好 nǐ hǎo

2. 다음 식을 풀어서 나오는 글자를 빈칸에 쓰세요.
① shì + én - ì + me = shénme
② zh + j + ià + o - zh = jiào
③ mí + n + ng - n + z + i = míngzi

2. 잘 듣고 등장하는 순서대로 주인공 옆에 번호를 쓰세요. Track 08
明明 2   南南 3   北北   小王   东东 1

3. 대화의 내용에 맞도록 한자를 이어 문장을 완성하세요.
너 이름이 뭐니?
내 이름은 난난이야.
他 你 叫
字 名 么 什
我 叫
在 南 南 她

3. 대화를 듣고 빈칸에 들어갈 한자를 써 넣으세요. Track 09
보기: 叫 你好 什么
① 你好! 我叫明明。
② 你叫什么名字?

12 어린이 중국어 쓰기노트 ①
3. 你叫什么名字? 13

4과

놀놀 풀리는 단어연습
★ 배운 단어를 기억하며 문제를 풀어 보세요.

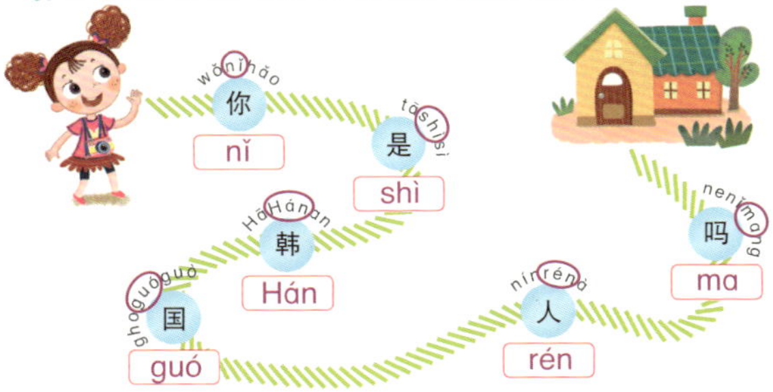

쏙쏙 들리는 듣기연습
★ 들려주는 녹음 내용을 잘 듣고 풀어 보세요.

1. 병음을 읽고 한자의 빠진 부분을 채워 써 보세요.
他 tā   人 rén   吗 ma   的 de

1. 잘 듣고 해당하는 단어나 문장에 ○ 하세요. Track 10
① 呢   哪   那
② 她   他   也
③ 不是   是不   也是
④ 是得   是的   是地

2. 제시된 병음에 맞는 한자를 고르세요
① ma   吗 ○   马
② rén   八   人 ○
③ tā   也   他 ○

2. 잘 듣고 알맞은 글자를 고르세요. Track 11
① 你我 是 汉韩 国人吗?
② 我 不没 是中国人。
③ 我 他也 是日本人。

3. 난난이가 집에 가는 길에 적혀 있는 한자의 병음을 찾아 ○ 하고 빈칸에 쓰세요.
wǒnǐhǎo 你 nǐ   tāshì 是 shì
Hǎo Hánbi 韩 Hán   nénmòg 吗 ma
guóguo 国 guó   nǐrénb 人 rén

3. 대화를 듣고 대화가 일어난 순서대로 번호를 쓰세요. Track 12
① 3   ② 2
③ 1   ④ 4

16 어린이 중국어 쓰기노트 ①
4. 你是韩国人吗? 17

연습문제 정답

5과

술술 풀리는 단어연습

배운 단어를 기억하며 문제를 풀어 보세요.

1. 병음을 읽고 한자의 빠진 부분을 채워 써 보세요.

❶ 喜 xǐ ❷ 欢 huān ❸ 色 sè ❹ 红 hóng

2. 다음 숫자 암호를 풀어보세요.

1	2	3	4	5	6	7	8	9	10
a	è	ǐ	ó	u	n	ng	h	s	x

❶ 红色 8 4 7 9 2 → hóngsè

❷ 喜欢 10 3 8 5 1 6 → xǐhuan

3. 밍밍이의 말을 중국어로 말해보며 미로를 탈출하세요.

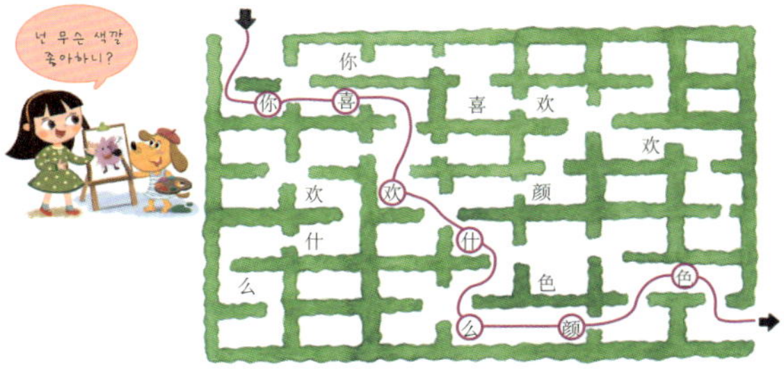

쏙쏙 들리는 듣기연습

들려주는 녹음 내용을 잘 듣고 풀어 보세요.

1. 잘 듣고 해당하는 단어나 문장에 ◯ 하세요. Track 13

❶ (那) 哪 这 ❷ 你吗 (你呢) 你吧

❸ 不是 名字 (喜欢) ❹ 颜色 蓝色 (红色)

2. 대화를 듣고 병음을 표기하세요. Track 14

❶

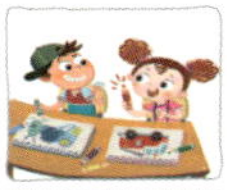

Wǒ xǐhuan hóngsè, nǐ ne?

Wǒ bù xǐhuan hóngsè.

❷

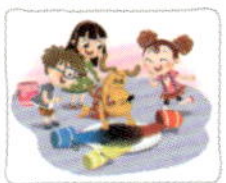

Nǐ xǐhuan hēisè ma?

Shì de, wǒ xǐhuan hēisè.

3. 들려주는 내용과 일치하는 문장에 ◯ 하세요. Track 15

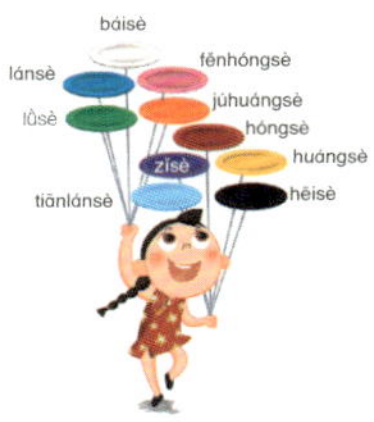

❶ 我喜欢红色。 ◯
我不喜欢红色。

❷ 我喜欢蓝色。
我不喜欢蓝色。 ◯

❸ 我喜欢黄色。 ◯
我不喜欢黄色。

6과

술술 풀리는 단어연습

배운 단어를 기억하며 문제를 풀어 보세요.

1. 병음을 읽고 한자의 빠진 부분을 채워 써 보세요.

❶ 几 jǐ ❷ 七 qī ❸ 六 liù ❹ 岁 suì

2. 중국어 문장에 맞는 우리말을 찾아 적으세요.

보기: 여섯, 넌, 몇, 난, 살, 살

❶ 你几岁?
··· 넌 몇 살 이니?

❷ 我六岁。
··· 난 여섯 살 이야.

3. 밍밍이의 질문에 해당하는 병음을 모두 색칠하면 답이 나옵니다. 질문의 답을 빈칸에 쓰세요.

wǒ	tā	tā	tā	tā	tā	tā	tā	wǒ
wǒ	nǐ	nǐ	nǐ	nǐ	nǐ	nǐ	nǐ	wǒ
wǒ	nǐ	nǐ	nǐ	nǐ	nǐ	nǐ	nǐ	wǒ
hǎo	hǎo	jǐ	jì	jì	jì	jì	hǎo	hǎo
jǐ	jí	jǐ	bā	bā	bā	suì	hǎo	hǎo
hǎo	jǐ	qī	qī	qī	qī	qī	suì	hǎo
bā	bā	suì	suí	suì	suí	suí	bā	bā

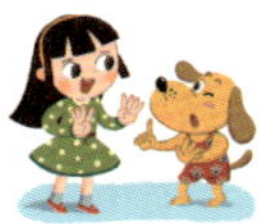

쏙쏙 들리는 듣기연습

들려주는 녹음 내용을 잘 듣고 풀어 보세요.

1. 잘 듣고 해당하는 단어나 문장에 ◯ 하세요. Track 16

❶ 个 (几) 岁 ❷ 六 (七) 八

❸ 你好吗? (你几岁?) 你呢? ❹ 他六岁。 他七岁。 (他八岁。)

2. 대화를 듣고 질문에 알맞은 답을 한자로 쓰세요. Track 17

❶

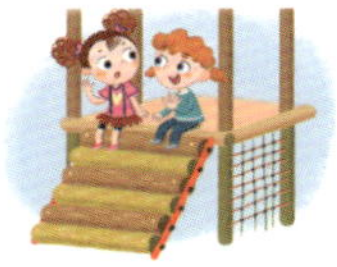

我 五 岁。

❷

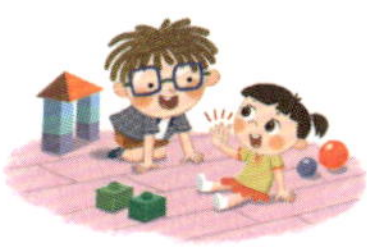

我 四 岁。

3. 대화를 듣고 문제의 답을 한자로 쓰세요. Track 18

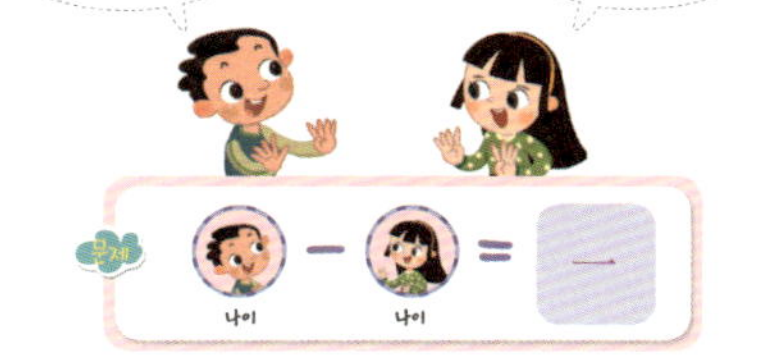

7과

꿀꿀 풀리는 단어연습
배운 단어를 기억하며 문제를 풀어 보세요.
1. 병음을 읽고 한자의 빠진 부분을 채워 써 보세요.
牛 niú 马 mǎ 虎 hǔ 属 shǔ
2. 알맞은 것끼리 선으로 연결하세요.
hǔ yáng gǒu mǎ
狗 马 羊 虎
3. 그림을 보고 빈칸에 들어갈 한자와 병음을 찾아 연결하세요.
你属什么? 我属兔。
狗 兔 龙 猪
zhū gǒu lóng tù
똑똑 들리는 듣기연습
들려주는 녹음 내용을 잘 듣고 풀어 보세요.
1. 잘 듣고 해당하는 단어나 문장에 ◯ 하세요. Track 19
马 虎 牛
是 岁 属
你属什么? 你叫什么名字? 你喜欢什么颜色?
我属牛。 我叫南南。 我是中国人。
2. 잘 듣고 알맞게 쓰여진 문장을 고르세요. Track 20
Nǐ shǔ shénme? Nǐ shù shénme? Nǐ shǔ shènme?
Wǒ shǔ shè. Wǒ shǔ shé. Wǒ shǔ shénme.
属你什么? 你属什么? 你什么属?
3. 대화를 듣고 주인공의 띠에 해당하는 그림을 찾아 ✓ 하세요. Track 21
28 어린이 중국어 쓰기노트 1
7. 你属什么? 29

8과

꿀꿀 풀리는 단어연습
배운 단어를 기억하며 문제를 풀어 보세요.
1. 병음을 읽고 한자의 빠진 부분을 채워 써 보세요.
谁 shéi 爸 bà 妈 mā 姐 jiě
2. 빈칸에 들어갈 성조를 표시하고 각 성조가 몇 번씩 쓰였는지 숫자를 쓰세요.
A: Tamen shi shei? B: Ta shi wǒ mama, ta shi wǒ jiejie.
A: Ta shi shei? B: Ta shi wǒ baba.
6 2 1 6
3. 베이베이의 가족입니다. 그림과 단어를 바르게 연결하세요.
dìdi jiějie yéye mèimei nǎinai gēge bàba māma
똑똑 들리는 듣기연습
들려주는 녹음 내용을 잘 듣고 풀어 보세요.
1. 잘 듣고 해당하는 단어나 문장에 ◯ 하세요. Track 22
妈妈 爸爸 姐姐
他是谁? 我是谁? 你是谁?
她是我奶奶。 她是我妈妈。 她是我姐姐。
他是我爸爸。 他是我爷爷。 他是我哥哥。
2. 잘 듣고 등장하지 않은 사람을 찾아 ✓ 하세요. Track 23
3. 대화를 듣고 빈칸에 들어갈 말을 쓰세요. Track 24
他是 谁 ?
她是 谁 ? 她是我 妈妈 。
他是我爸爸。
妈妈 谁
32 어린이 중국어 쓰기노트 1
8. 他是谁? 33

9과

술술 풀리는 단어연습

배운 단어를 기억하며 문제를 풀어 보세요.

1. 병음을 읽고 한자의 빠진 부분을 채워 써 보세요.

① 口	② 和	③ 有	④ 家
kǒu	hé	yǒu	jiā

2. 그림을 보고 말해 보세요. 다음 문장에 들어갈 병음은 각각 몇 개인가요?

① Wǒ jiā yǒu wǔ kǒu rén. Wǒ yǒu nǎinai.
- ǎ 1 개
- ǎ 1 개
- ǒ 5 개

② Wǒ jiā yǒu liù kǒu rén. Wǒ méiyǒu gēge.
- é 2 개
- òu 3 개

③ Wǒ jiā yǒu wǔ kǒu rén. Wǒ jiā yǒu bàba, māma, dìdi, mèimei, hé wǒ.
- jiā 2 개
- yǒu 2 개

3. 다음 질문에 맞는 부분에 체크하고 자신의 가족을 소개해 보세요.

- ❶ 你家有几口人? ⟶ 我家有 五 口人。
- ❷ 你有爷爷吗? ⟶ 有 □ / 没有 ✓
- ❸ 你有奶奶吗? ⟶ 有 □ / 没有 ✓
- ❹ 你有哥哥吗? ⟶ 有 ✓ / 没有 □
- ❺ 你有姐姐吗? ⟶ 有 ✓ / 没有 □
- ❻ 你有弟弟吗? ⟶ 有 □ / 没有 ✓
- ❼ 你有妹妹吗? ⟶ 有 □ / 没有 ✓

예시
我家有 五 口人。
我家有 爸爸、妈妈、哥哥、姐姐 和我。

똑똑 들리는 듣기연습

들려주는 녹음 내용을 잘 듣고 풀어 보세요.

1. 잘 듣고 해당하는 단어나 문장에 ○하세요. Track 25

- ① (口) 几 个
- ② 家 是 (有)
- ③ 也有 (没有) 不有
- ④ 你是哪国人? (你家有几口人?) 你喜欢什么颜色?

2. 잘 듣고 알맞은 순서대로 번호를 쓰세요. Track 26

- ① 有 吗 你 哥哥 ?
  - 2 4 1 3
- ② 家 几 人 你 口 有 ?
  - 2 4 6 1 5 3

3. 대화를 듣고 해당하는 그림을 모두 고르세요. Track 27

✓ □ □ ✓

10과

술술 풀리는 단어연습

배운 단어를 기억하며 문제를 풀어 보세요.

1. 병음을 읽고 한자의 빠진 부분을 채워 써 보세요.

① 书	② 包	③ 这	④ 帽
shū	bāo	zhè	mào

2. 틀린 병음을 찾아 ✓하세요.

① Zhè shì diànnǎo. ✓ □
② Zhè shì yǐzi. □ ✓
③ A: Nǎ shì shénme? □ ✓
   B: Nà shì huābǐng. □ ✓

3. 난난이의 질문에 베이베이는 어떻게 말해야 할까요?

这是什么?

시작 → 这 → 是 → 我 → 的 → 书包

这是我的书包。

똑똑 들리는 듣기연습

들려주는 녹음 내용을 잘 듣고 풀어 보세요.

1. 잘 듣고 해당하는 단어나 문장에 ○하세요. Track 28

- ① 那 (这) 哪
- ② 口 几 (的)
- ③ (书包) 红色 红包
- ④ 他是谁? (那是什么?) 你叫什么名字?

2. 대화가 이루어지는 상황을 나타낸 그림에 ✓하세요. Track 29

① ✓ ② ✓

3. 잘 듣고 녹음에 등장하는 사물을 모두 찾아 ○하세요. Track 30

1과

你	nǐ	7획	너
好	hǎo	6획	좋다
我	wǒ	7획	나
再	zài	6획	다시
见	jiàn	4획	만나다
她	tā	6획	그녀

2과

不	bù	4획	아니다
客	kè	9획	손님
气	qì	4획	태도, 기질
没	méi	7획	없다
关	guān	6획	관계
系	xì	7획	맺다, 관련되다

3과

叫	jiào	5획	(이름을)~라고 부르다
什	shén	4획	무엇
么	me	3획	어조사
名	míng	6획	이름
字	zì	6획	글자
呢	ne	8획	의문의 어기

4과

人	rén	2획	사람
吗	ma	6획	의문을 표시
是	shì	9획	~이다 / 네
的	de	8획	~의
他	tā	5획	그
也	yě	3획	~도

5과

喜	xǐ	12획	기쁘다
欢	huān	6획	좋아하다
红	hóng	6획	붉다
色	sè	6획	색
蓝	lán	13획	남색의
那	nà	6획	저것 / 그러면

6과

几	jǐ	2획	몇
岁	suì	6획	살 (나이)
五	wǔ	4획	다섯, 오
六	liù	4획	여섯, 육
七	qī	2획	일곱, 칠
八	bā	2획	여덟, 팔

7과

属	shǔ	12획	~띠이다
牛	niú	4획	소
虎	hǔ	8획	호랑이
狗	gǒu	8획	개
羊	yáng	6획	양
马	mǎ	3획	말

8과

谁	shéi	10획	누구
爸	bà	8획	아빠
妈	mā	6획	엄마
姐	jiě	8획	언니, 누나
哥	gē	10획	오빠, 형
弟	dì	7획	남동생

9과

家	jiā	10획	집
有	yǒu	6획	있다
口	kǒu	3획	입 / 식구
和	hé	8획	~와
爷	yé	6획	할아버지
奶	nǎi	5획	할머니

10과

这	zhè	7획	이것
书	shū	4획	책
包	bāo	5획	꾸러미
妹	mèi	8획	여동생
帽	mào	12획	모자
子	zǐ	3획	아들